Ingo Hamm

Betriebsrat-Stichwort

AiB

Handlungsmöglichkeiten des Betriebsrats

Handlungshilfe für eine erfolgreiche Interessenvertretung

6. Auflage

BUND
VERLAG

Bibliografische Information der Deutschen Nationalbibliothek
Die Deutsche Nationalbibliothek verzeichnet diese Publikation in der Deutschen Nationalbibliografie; detaillierte bibliografische Daten sind im Internet über *http://dnb.d-nb.de* abrufbar.

6., aktualisierte Auflage 2025

Umschlag:	Neil McBeath, Stuttgart
Satz:	Reemers Publishing Services GmbH, Krefeld
Druck:	mediaprint solutions GmbH, Eggertstraße 28, 33100 Paderborn

ISBN 978-3-7663-7470-7

www.bund-verlag.de

Inhalt

Abkürzungsverzeichnis

Abs.	Absatz
AiB	Arbeitsrecht im Betrieb (Zeitschrift)
ArbG	Arbeitsgericht
ArbGG	Arbeitsgerichtsgesetz
ArbSchG	Arbeitsschutzgesetz
Aufl.	Auflage
BAG	Bundesarbeitsgericht
BetrVG	Betriebsverfassungsgesetz
bzw.	beziehungsweise
ca.	circa
d. h.	das heißt
DKW	Däubler/Klebe/Wedde, Betriebsverfassungsgesetz, 19. Aufl., Frankfurt/Main 2024 (zitiert: DKW-Bearbeiter)
EuGH	Europäischer Gerichtshof
f.	folgend
ff.	fortfolgend
i. V. m.	in Verbindung mit
KSchG	Kündigungsschutzgesetz
LAG	Landesarbeitsgericht
Nr.	Nummer
Nrn.	Nummern
Rn.	Randnummer, Randnummern
S.	Seite
sog.	sogenannte
usw.	und so weiter
u. U.	unter Umständen
v.	vom
vgl.	vergleiche
z. B.	zum Beispiel

Vorbemerkungen

Aller Anfang ist schwer! Diese Erfahrung müssen gerade neu gewählte Mitglieder im Betriebsrat machen. Die erste Hürde ist die Bestimmung der eigenen Rolle: Sie ist eine Durchbrechung des Grundprinzips unserer Rechtsordnung, wonach Eigentümer einer Sache, also etwa diejenigen, denen der Betrieb gehört, damit machen können, was sie wollen. Das BetrVG weist dem Betriebsrat hier bewusst die Funktion eines Konfliktorgans zu, das diese Eigentümerstellung begrenzt. Der Betriebsrat ist ein legitimer Sachwalter der Interessen der Beschäftigten und kein nur geduldeter Nörgler. Die Rechte des Eigentümers müssen dem gegenüber zurückstehen.

Allerdings nicht immer – und dies ist die zweite Hürde: Das BetrVG gibt dem Betriebsrat mal sehr weit reichende Einflussmöglichkeiten, mal gar keine. Die Facetten der gesetzlichen Grundlage seiner Arbeit kennen zu lernen und handhaben zu können ist damit unbedingt erforderlich für jedes Mitglied des Betriebsrats, sonst kann es seine Aufgaben nicht in der Form wahrnehmen, wie es von ihm verlangt wird. Dazu bieten sich ihm vor allem Grundlagenschulungen an, wie sie insbesondere die Einzelgewerkschaften und gewerkschaftlichen Bildungseinrichtungen veranstalten.

Ist das alles erfolgreich absolviert, gilt es eigentlich nur noch einen weiteren Schritt auf dem Weg zur erfolgreichen Betriebsratsarbeit zu bewältigen, der sich aber in der Praxis häufig als die höchste Hürde erweist. Die Suche nach dem Ziel der eigenen Arbeit, für dessen Realisierung die Werkzeuge des BetrVG erst kreativ eingesetzt werden können. Dazu finden sich nämlich nirgendwo Vorgaben, allenfalls Denkanstöße. Ob der Betriebsrat dem Vorschlag der Arbeitgeberin für eine Prämienregelung zustimmt oder Änderungen durchsetzen will, das verlangt mehr als die Kenntnis der Rechtslage. Hier kommt es auf fachliches Wissen ebenso an, wie auf die Berücksichtigung der Anliegen der Beschäftigten und gut organisierte Diskussionsprozesse im Betriebsrat und der Belegschaft.

Das BetrVG stellt das Handwerkszeug bereit, um all diese Anforderungen zu erfüllen. Wie die Rechte im Einzelnen ausgestaltet sind und richtig miteinander kombiniert werden können, das ist das Thema dieses kleinen Werks. Um die Angelegenheit nicht zu theoretisch werden zu lassen, orientieren wir uns an einer Situation, die alle schon kennen gelernt haben: die Betriebsratssitzung.

Berlin, September 2024

Ingo Hamm

I. Guten Morgen zur Betriebsratssitzung

So muss das wohl sein. Noch nicht ganz im Amt und schon stürzt alles unsortiert auf die Neugewählten nieder.

Allein die Tagesordnung, die die Vorsitzende vorher an alle gemailt hat, platzt aus allen Nähten:

Eine Beschlussfassung über die Einstellung von zwei neuen Monteuren war dort angekündigt, außerdem sollte das Thema »Mehrarbeit« an der neuen Stanze diskutiert werden. Was sich unter der Überschrift »Personelles« verbirgt, wird wohl erst auf der Sitzung erläutert werden.

Wir wussten natürlich schon, dass die neue Stanze in unserem angeblich hochmodernen Druckgussbetrieb nicht so läuft, wie es anfänglich geplant war. Aber was hat der Betriebsrat damit zu tun?

Nicht genug mit diesen Themen, auf der Sitzung selbst geht es weiter:

Vorhin, sagt die Betriebsratsvorsitzende, habe ihr der Vertriebschef noch einen Zettel zugesteckt. Natürlich sagt sie nicht »Zettel«, sondern »Anhörungsbogen«. Darin steht, dass der Einkäufer, den sowieso niemand mag, seine Reisekosten zu großzügig abgerechnet habe und deshalb fristlos gekündigt werden soll.

Außerdem scheint unsere Firma im Augenblick zu viel Geld zu haben. Die Geschäftsführung will sämtliche Verwaltungsräume umbauen und dem Trend zur mobilen Arbeit folgend, die Zahl der Schreibtische in der Verwaltung reduzieren. Homeoffice macht's möglich. Die Vorsitzende schmeißt einen Stapel Pläne und Skizzen auf den Tisch. Was sollen wir damit jetzt wieder? Können wir Architektur?

Wer zu spät kommt... Nein, wird nicht bestraft, sondern macht heftig Wirbel: Die Schwerbehindertenvertreterin kommt als letzte zur Sitzung, hat dafür aber frische Nachrichten, die sie aufgeregt verkündet: In der Lagerhalle ist sie auf die Kollegin gestoßen, die erst vor einem viertel Jahr nach langem Drängen wegen ihrer Behinderung einen Arbeitsplatz in der Poststelle bekommen hat. Jetzt packt sie mit ihren kaputten Knochen wieder Kleinteile in Kartons. Aber nicht nur das: Sie steht dabei auch noch im Durchzug, weil das Tor, durch das die Alu-Blöcke angeliefert werden, nicht mehr richtig schließt.

Nun haben wir den Salat: einen Haufen Themen auf der Betriebsratssitzung und keine Vorstellung davon, womit wir uns befassen sollen und was wir eigentlich ausrichten können. Muss die Arbeitgeberin das Tor reparieren, wenn wir das verlangen? Können wir sie dazu zwingen? Müssen wir was beschließen und vielleicht selbst einen Monteur dorthin schicken? Was machen wir, wenn gar nichts passiert? Die Kollegin zum Streik auffordern?

Braucht die Arbeitgeberin unsere Meinungsäußerung zur Kündigung oder zur Mehrarbeit überhaupt und was passiert, wenn wir uns einfach nicht rühren? Schnell zeigt sich, dass mit der diffusen Vorstellung von Mitbestimmung des Betriebsrats, die bis zur Kandidatur zu diesem Gremium vorherrschend war, hier nicht mehr viel anzufangen ist. Erst recht nicht, wenn die Mitglieder, die schon eine Amtsperiode oder mehr hinter sich haben, am großen Rad der Begriffe drehen, ohne dass klar wird, was sich eigentlich dadurch bewegt.

Von »Anhörung« und »Initiativrechten« ist die Rede, von »Zustimmungsverweigerung« und »Beratungsrechten«. Einigungsstelle und Arbeitsgericht kommen ins Visier einiger Diskussionsbeiträge, andere ergehen sich in langen Ausführungen über die Notwendigkeit einer Betriebsvereinbarung. Für uns Neulinge gibt es jetzt nur noch zwei Möglichkeiten: Entweder sofort resignieren oder Ordnung in das Chaos bringen. Wir wollen Letzteres versuchen.

II. Das Betriebsverfassungsgesetz: Kein Buch mit sieben Siegeln

Was der Betriebsrat im Einzelfall rechtlich bewegen kann, ergibt sich aus dem BetrVG und wenigen anderen Gesetzen. Allerdings nicht nur. Mindestens ebenso wichtig sind die dort nicht beschriebenen Formen der politischen Auseinandersetzung. Sie funktionieren jedoch besser, wenn das gesetzliche Instrumentarium einigermaßen klar ist und man der Arbeitgeberin an der richtigen Stelle die richtige Maßnahme zumindest androhen kann.

1. Die Vierteilung der Beteiligungsformen

Kernstück der Betriebsverfassung

Juristen behaupten gerne, ein Blick in das Gesetz erleichtere die Rechtsfindung. Das ist zunächst mal etwas vorlaut, aber nicht ganz falsch. Falsch ist allerdings die Hoffnung, dass bereits der erste Blick die erhoffte Erleichterung verschaffen könnte. Etwas Übung beim Lesen von Gesetzen gehört schon dazu, ebenso wie ein grober Überblick über das System der Mitbestimmungsrechte. Wie wichtig beides ist, zeigt der Teil des Betriebsverfassungsgesetzes, der sich mit der »Mitwirkung und Mitbestimmung der Arbeitnehmer« befasst, überdeutlich.

In den besagten Vorschriften, also ab § 74 BetrVG, geht es bunt gemischt zu. Da gibt es Unterrichtungsrechte in § 80 BetrVG, Erörterungspflichten in § 81 BetrVG, Mitbestimmungsrechte des Betriebsrats in § 87 BetrVG, Zustimmungsverweigerungsrechte in § 99 BetrVG und Anhörungsrechte in § 102 BetrVG. Die meisten dieser Rechte stehen zwar unter der Überschrift »Mitbestimmung«, sie unterscheiden sich jedoch in ihrer Reichweite erheblich. Wir schauen uns zunächst diese Unterschiede an. (Zum richtigen Umgang, sprich: Lesen von Gesetzestexten, gibt es einen kleinen Hinweis in Anhang 3 dieser Broschüre.)

1.1 Informations- und Beratungsrechte

Die Informations- und Beratungs-/Erörterungsrechte bilden das »Fundament« der Mitbestimmung. Informieren muss die Arbeitgeberin den Betriebsrat zu allen Themen, für die ihm das BetrVG eine Aufgabe zuweist. Gleichzeitig ist sie auch verpflichtet, sich mit dessen Argumenten auseinanderzusetzen. Dies ergibt sich aus § 74 BetrVG, wonach Arbeitgeberin und Betriebsrat über strittige Fragen mit dem ernsten Willen zur Einigung verhandeln müssen. Dieses allgemeine Informationsrecht steht in § 80 Abs. 2 BetrVG. Es besagt, dass die Arbeitgeberin dem Betriebsrat alle Informationen zur Verfügung stellen muss, die er zur Erfüllung seiner Aufgaben braucht.

»Stumpfes Schwert«

Festzustellen, dass diese Rechte existieren, ist der einfachere Teil der Übung. Damit kann man immerhin die Frage »Wo steht das?« beantworten. Für die Praxis des Betriebsrats und sein Durchsetzungsvermögen wichtiger ist jedoch das Wissen darum, was passiert, wenn die Arbeitgeberin ihren Verpflichtungen nicht nachkommt. Die Antwort auf die Frage ist nicht unbedingt ermutigend: Nichts passiert!

Zwar kann der Betriebsrat seinen Anspruch auf Unterrichtung zur Not auch gerichtlich durchsetzen. Ignoriert die Arbeitgeberin aber diesen Anspruch, so riskiert sie allenfalls ein Buß- oder Zwangsgeld, nicht aber die rechtliche Unwirksamkeit der von ihr geplanten Maßnahme. Rechtliche Unwirksamkeit bedeutet, dass die Maßnahme, über die der Betriebsrat nicht informiert wurde, schon deshalb rückgängig gemacht werden muss und niemand verpflichtet ist, Anordnungen oder Weisungen zu deren Umsetzung zu befolgen. Nur dies würde hinreichend Druck auf die Arbeitgeberin bewirken, den Informationspflichten nachzukommen.

Will die Arbeitgeberin also die Büroarbeitsplätze reduzieren, so ist sie zwar gem. § 90 BetrVG verpflichtet, hierüber den Betriebsrat zu unterrichten und mit ihm darüber zu beraten. Unterlässt sie dies, hat das jedoch keine Auswirkungen auf ihre Berechtigung, das Vorhaben durchzuführen. Der einzige Ärger, der ihr drohen könnte, ist, dass der Betriebsrat seinen Anspruch auf Unterrichtung gerichtlich durchsetzt. Ob dieses Verfahren aber abgeschlossen ist, bevor die Arbeitsplätze abgeschafft sind, steht auf einem anderen Blatt.

Informationen sind notwendig

Es mag enttäuschend sein, dass die Arbeitgeberin für Verstöße gegen die Informationsverpflichtung nicht mit Untätigkeit büßen muss. Dennoch sollten die Informationsrechte des Betriebsrats nicht gering geachtet, sondern konsequent eingefordert werden. Ohne ausreichende Information ist eine sachgerechte Interessenvertretung nicht möglich. Und schließlich: Nicht jeder Arbeitgeberin ist es egal, wenn der Betriebsrat gegen sie ein Gerichtsverfahren einleitet.

Merke:

Die Unterrichtung durch die Arbeitgeberin muss umfassend und rechtzeitig sein, also so früh, dass der Betriebsrat noch auf die Entscheidung Einfluss nehmen kann, und alle Informationen enthalten, die er benötigt, um seine

Aufgaben wahrnehmen zu können (DKW-Buschmann, § 80 Rn. 97). Was das im Einzelfall ist, bestimmt der Betriebsrat am besten selbst durch entsprechende Fragen. Im Bereich des Arbeitsschutzes erleichtert das Gesetz dem Betriebsrat diese Arbeit ein wenig, indem es aufzählt, über welche Sachverhalte der Betriebsrat zu informieren ist. Das ist die Neugestaltung von Räumen und Anlagen, von Arbeitsverfahren und Arbeitsplätzen. In § 90 Abs. 2 BetrVG findet sich noch einmal ausdrücklich die oben wiedergegebene Definition dessen, was rechtzeitig und umfassend ist:
»Der Arbeitgeber hat mit dem Betriebsrat die vorgesehenen Maßnahmen und ihre Auswirkungen auf die Arbeitnehmer, insbesondere auf die Art ihrer Arbeit sowie die sich daraus ergebenden Anforderungen an die Arbeitnehmer, so rechtzeitig zu beraten, dass Vorschläge und Bedenken des Betriebsrats bei der Planung berücksichtigt werden können.«

Was im Einzelnen dazu mitgeteilt werden muss, steht dort allerdings nicht. Auch hier bleibt der Betriebsrat also seines Glückes Schmied, er sollte seinen Informationsbedarf benennen. Der Anspruch auf Unterrichtung besteht auch dann, wenn er durch die Angaben erst in die Lage versetzt werden will, zu beurteilen, ob er im Einzelfall überhaupt ein Mitbestimmungsrecht hat.

Ausführlicheres zum Thema »Informationsrecht« steht ab Seite 31.

1.2 Anhörungsrecht

Eine Stufe über den Informations- und Beratungsrechten steht das Anhörungsrecht des Betriebsrats. Dieses findet sich nur in § 102 BetrVG, der die Beteiligung des Betriebsrats bei der Kündigung einzelner Beschäftigter behandelt. In diesem Fall ist die Arbeitgeberin verpflichtet, vorher die Meinung des Betriebsrats dazu abzufragen.

Welche Folgen es hat, wenn sie sich hieran nicht hält, sagt § 102 Abs. 1 BetrVG mit erfreulicher Deutlichkeit:

Folgen einer fehlenden Anhörung

»Eine ohne Anhörung des Betriebsrats ausgesprochene Kündigung ist unwirksam.«

Damit besteht hier ein wesentlicher Unterschied zur Pflicht der Arbeitgeberin zur Unterrichtung und Beratung in anderen Fällen: die rechtliche Wirksamkeit ihres Vorhabens, nämlich der Kündigung, ist davon abhängig, dass sie sich vorher so verhalten hat, wie das BetrVG es von ihr verlangt.

Allerdings stimmt dies aus Sicht des Betriebsrats eigentlich nur zum Teil. Die Unwirksamkeit einer Kündigung, die ohne Anhörung ausgesprochen wurde, kümmert nämlich keinen Menschen, wenn der Gekündigte nicht zum Arbeitsgericht geht und dort gegen seine Kündigung klagt. Der Betriebsrat ist hier nicht im Spiel! Er hat keine Möglichkeit, die Unwirksamkeit der Kündigung selbst gerichtlich feststellen zu lassen und so dafür zu sorgen, dass der Betroffene wieder in den Betrieb zurückkehrt.

Folgen eines ordnungsgemäßen Widerspruchs

Der Betriebsrat hat bei Kündigungsanhörungen laut Gesetz das Recht, einen Widerspruch bei der Arbeitgeberin gegen die Kündigung einzulegen, oder er kann Bedenken dagegen äußern. Beides ist ausgesprochen formalisiert und mit kurzen Fristen versehen, was einen erheblichen Handlungsdruck auslöst. Allerdings ist es rechtlich ziemlich egal, was der Betriebsrat macht: Die Arbeitgeberin wird dadurch nicht gehindert, eine Kündigung auszusprechen. Der ordnungsgemäße Widerspruch führt lediglich zu einem Anspruch auf Weiterbeschäftigung während des Kündigungsschutzprozesses – den aber in der Realität selten jemand in Anspruch nimmt. (Zu den Einzelheiten vgl. Hinrichs, Rechte des Betriebsrats bei Kündigungen bzw. IG Metall-Handlungshilfe Nr. 27 »Kündigungsschutz«.)

Einen Vorteil haben die Beschäftigten durch die Anhörung des Betriebsrats nur dann, wenn die Arbeitgeberin dabei einen formalen Fehler macht. Solche Fehler sind die vollständige Unterlassung der Anhörung, die Anhörung nach Ausspruch der Kündigung und die unvollständige Information über die Gründe für die Kündigung. Ob der Betriebsrat darauf besonders engagiert reagiert oder nicht ist für die Wirksamkeit der Kündigung dagegen eher nebensächlich.

Merke:

Ein Fehler der Arbeitgeberin im Anhörungsverfahren nützt gekündigten Beschäftigten, weil er die Kündigung angreifbar macht. Der Betriebsrat hat also keinen Grund, die Arbeitgeberin dazu zu bewegen, solche Fehler – etwa durch weitere Unterrichtung – abzustellen. Besser ist es, dem Betroffenen einen entsprechenden Hinweis zu geben.

Ausführlicheres zum Thema »Anhörung bei Kündigungen« steht ab Seite 39.

1.3 Zustimmungsverweigerungsrechte

Auf der Leiter der Mitbestimmungsrechte klettern wir eine Sprosse höher und landen beim Zustimmungsverweigerungsrecht. Dies hört sich zunächst einmal merkwürdig an. Was soll Besonderes daran sein, das Recht zu haben, die Zustimmung zu irgendetwas zu verweigern? Wer gefragt wird, sollte doch immer »Nein« sagen dürfen.

Zustimmung ist Wirksamkeitsvoraussetzung

So ist es selbstverständlich auch im Falle der Zustimmungsverweigerungsrechte, von denen im BetrVG in § 99 die Rede ist. Die Vorschrift behandelt die Vorgänge Einstellungen, Versetzungen und Ein-/Umgruppierungen. In diesen Fällen muss die Arbeitgeberin, bevor sie eine solche Maßnahme ergreift, die Zustimmung des Betriebsrats einholen. Hier ändert sich das Mitbestimmungsverfahren dahingehend, dass nicht mehr nur in eine Richtung informiert wird, sondern die Art der Reaktion des Betriebsrats Einfluss auf das Verhalten der Arbeitgeberin hat.

Bei den Zustimmungsverweigerungsrechten braucht die Arbeitgeberin die – positive – Resonanz des Betriebsrats auf ihr Anliegen. Bekommt sie diese Zustimmung nicht, darf sie nicht einfach tätig werden, sondern muss zum Arbeitsgericht gehen und sie sich ersetzen lassen. So steht es in § 99 Abs. 4 BetrVG.

Allerdings macht das Gesetz hier einen kleinen Kunstgriff: Schweigt der Betriebsrat oder hält er sich nicht an die Formalien, die § 99 BetrVG für eine Zustimmungsverweigerung verlangt (Begründung, Schriftform und Einhaltung einer Wochenfrist), dann gilt die Zustimmung als erteilt, auch wenn der Betriebsrat eigentlich »Nein« gesagt hat. Die Folge ist, dass die Arbeitgeberin trotzdem tätig werden darf.

Ein weiterer wesentlicher Unterschied zum bloßen Anhörungsrecht besteht darin, dass nicht nur die einzelnen Betroffenen, die »Opfer« einer mitbestimmungswidrig durchgeführten Maßnahme wurden, sich hiergegen zur Wehr setzen können. Auch der Betriebsrat selbst hat das Recht, die Arbeitgeberin zu verklagen und durch das Gericht zu der Rücknahme solcher Maßnahmen zwingen zu lassen. Dieses Verfahren ist in § 101 BetrVG beschrieben.

In Unternehmen mit weniger als 20 Beschäftigten gilt § 99 BetrVG nicht. Ein Betriebsrat, der nur aus einer Person besteht, muss daher bei den Maßnahmen »Einstellung«, »Versetzung« und »Ein-/Umgruppierung« nur dann beteiligt werden, wenn der Kleinbetrieb zu einem größeren Unternehmen gehört.

Merke:

> Der Betriebsrat muss bei seiner Zustimmungsverweigerung formale Anforderungen erfüllen: Die Verweigerung muss schriftlich innerhalb einer Woche erfolgen und einen der in § 99 Abs. 2 BetrVG genannten Gründe anführen. Werden diese Bedingungen nicht erfüllt, bestimmt das Gesetz, dass die Zustimmung als erteilt gilt.

Ausführlicheres zum Thema »Zustimmungsverweigerungsrecht bei personellen Einzelmaßnahmen« steht ab Seite 43.

1.4 Erzwingbare Mitbestimmung

Damit sind wir auf der höchsten Stufe, der Königsdisziplin der Mitwirkungsrechte, angelangt: Die erzwingbare Mitbestimmung. Die in der Praxis wichtigste Vorschrift im BetrVG hierfür ist der § 87. Darin werden betriebliche Vorgänge wie etwa Arbeitszeitgestaltung und Urlaubsplanung behandelt. Daneben stehen noch die §§ 95 Abs. 1, 97 Abs. 2 und 98 BetrVG mit vergleichbar weitreichenden Mitbestimmungsrechten bei der betrieblichen Berufsbildung und die Durchsetzung von Sozialplänen gem. § 112 BetrVG bei Betriebsänderungen.

Auch hier benötigt die Arbeitgeberin, die entsprechende Initiativen ergreifen will, die vorherige Zustimmung des Betriebsrats zu ihren Vorhaben. Hat sie diese Zustimmung nicht, darf sie nicht tätig werden. Der Betriebsrat ist in diesen Fällen aber an keinerlei Formalien gebunden, sein Schweigen ist hier ein »Nein« und keine Zustimmung.

Betriebsrat kann die Initiative ergreifen

Im Unterschied zum Zustimmungsverweigerungsrecht bei Einstellungen etc., kann in Angelegenheiten, die der erzwingbaren Mitbestimmung unterliegen nicht nur die Arbeitgeberin mit ihren Überlegungen auf den Betriebsrat zugehen und ihn zur Behandlung des Themas zwingen. Auch der Betriebsrat kann die Initiative ergreifen und damit Verhandlungen zu einem ihm wichtigen Thema durchsetzen. Manche bezeichnen diese Möglichkeit auch als »Initiativrecht«, was aber irreführend ist. Initiativen darf der Betriebsrat selbstverständlich immer ergreifen, nur die Durchsetzungsmöglichkeiten unterscheiden sich.

Will etwa der Betriebsrat, dass in einer Abteilung im Betrieb gleitende Arbeitszeit eingeführt wird und wird er sich mit der Arbeitgeberin hierüber nicht einig, so kann er über ein spezielles Verfahren erzwingen, dass eine Vermittlungsinstanz – die Einigungsstelle – eingeschaltet wird. Klappt die Vermittlung nicht, kann sie mit verbindlicher Wirkung entscheiden, ob das Vorhaben des Betriebsrats umgesetzt werden soll – ob die Arbeitgeberin das will oder nicht. Hier ist also eine Umgestaltung des Betriebes auch gegen den Willen der Arbeitgeberin möglich. Aber Vorsicht: Das geht nur in den vom Gesetz ausdrücklich genannten Fällen. Und natürlich ist das kein Wunschkonzert: Die Einigungsstelle muss nicht dem Anliegen des Betriebsrats folgen. Sie kann es auch verwerfen oder die Gleitzeit anders gestalten, als der Betriebsrat das wollte.

Ergreift die Arbeitgeberin Maßnahmen in Angelegenheiten, die der erzwingbaren Mitbestimmung unterliegen, ohne vorher die Zustimmung des Betriebsrats einzuholen, ist dieser wie im Falle des Zustimmungsverweigerungsrechts befugt, selbst arbeitsgerichtlich dagegen vorzugehen.

Das Spiel mit der Einigungsstelle funktioniert auch in umgekehrter Richtung: Will die Arbeitgeberin die Gleitzeit, der Betriebsrat aber nicht, muss ebenfalls die Einigungsstelle entscheiden. Das Ergebnis eines solchen Verfahrens ist praktisch immer offen, die Einigungsstelle wird also nicht unbedingt eine den Wünschen des Betriebsrats oder der Arbeitgeberin entsprechende Entscheidung fällen. Erzwingbar ist nur das Mitbestimmungsverfahren, nicht ein bestimmtes Ergebnis.

Merke:

Erzwingbare Mitbestimmung bedeutet, dass Betriebsrat und Arbeitgeberin mitbestimmungspflichtige Angelegenheit gemeinsam regeln müssen. Will die Arbeitgeberin eine solche Maßnahme durchführen, muss sie sich mit dem Betriebsrat hierüber einigen. Es bedarf der ausdrücklichen Vereinbarung zwischen Betriebsrat und Arbeitgeberin oder der Entscheidung durch die Einigungsstelle. Deshalb ist eine von der Arbeitgeberin einseitig durchgeführte mitbestimmungspflichtige Maßnahme rechtswidrig und damit unwirksam. Beschäftigte müssen Anordnungen, bei der diese Mitbestimmung missachtet wurde, nicht Folge leisten. Die Zustimmung des Betriebsrats ist Wirksamkeitsvoraussetzung (BAG v. 22. 6. 2010 – 1 AZR 853/08). Allerdings sollten sich Beschäftigte, die sich darauf berufen und etwa die Befolgung einer mitbestimmungswidrigen Weisung verweigern wollen, vorher sehr genau informieren, ob die Rechtslage hinreichend klar ist. Besser und sicherer ist es allemal, wenn der Betriebsrat gerichtlich gegen solche mitbestimmungswidrigen Maßnahmen der Arbeitgeberin vorgeht.

(Ausführlicheres zum Thema »erzwingbare Mitbestimmungsrechte« steht ab Seite 59 und zum Thema »Einigungsstelle« in der IG Metall-Handlungshilfe Nr. 15.)

Die vier Mitbestimmungsstufen und ihre unterschiedliche Reichweite sind auf Seite 95 in einer Übersicht dargestellt.

2. Die unterschiedlichen Maßnahmen

Die auf die beschriebene Weise abgestuften Mitbestimmungsrechte können gleichermaßen wohlsortiert bestimmten Gruppen von betrieblichen Maßnahmen zugeordnet werden, die der Mitbestimmung unterliegen. Das Verhältnis zueinander lässt sich anhand eines Diagramms darstellen, wobei die abgestuften Mitbestimmungsrechte die vertikale und die Angelegenheiten, die diesen zugeordnet sind, die horizontale Achse bilden. (Auf Seite 96 dieses Bandes befindet sich dieses Diagramm mit dem Titel »Die Mitbestimmungskurve«.)

Die in dem Diagramm verwendeten Begriffe für die einzelnen Angelegenheiten sind folgende:
1. wirtschaftliche Angelegenheiten
2. personelle Angelegenheiten
3. soziale Angelegenheiten

Dabei handelt es sich um die vom BetrVG verwendete Unterteilung der Maßnahmen, die der Mitbestimmung unterliegen. Es kommt noch ein weiterer Teil mit den Mitwirkungsmöglichkeiten beim Arbeits- und Gesundheitsschutz hinzu. Dieser findet sich in den §§ 90 und 91 BetrVG und enthält eine Mischung aller Mitbestimmungstypen. Wer das Inhaltsverzeichnis des BetrVG aufschlägt, begegnet diesen Komplexen als Überschriften des dritten, fünften und sechsten Abschnitts im vierten Teil wieder.

Abgestuftes Beteiligungsrecht

Diese Unterteilung ist keineswegs zwingend. Denkbar wäre auch gewesen, eine Sortierung nach Themen wie etwa »Arbeitsschutz« oder »Berufsbildung« vorzunehmen. Dies macht das BetrVG jedoch nicht, sondern geht von den drei genannten Oberbegriffen aus. Von Interesse ist diese Unterscheidung deshalb, weil der Betriebsrat bei den sich dahinter verbergenden Vorgängen unterschiedlich weit reichende Mitwirkungsrechte hat. Diese gehen bei den sozialen Angelegenheiten am weitesten und sind bei den wirtschaftlichen Angelegenheiten am schwächsten ausgebildet. Daraus darf allerdings nicht der Schluss gezogen werden, dass dort, wo wirtschaftliche Angelegenheiten betroffen sind, die erzwingbaren Mitbestimmungsrechte immer zurücktreten müssen. Wenn die Maßnahme gleichzeitig auch eine Angelegenheit betrifft, die dem stärkeren Mitbestimmungstyp zugeordnet ist, muss das stärkere Mitbestimmungsrecht auch eingehalten werden.

Merke:

Das Zusammenspiel der unterschiedlichen Beteiligungsbereiche zu erkennen, ist die eigentliche hohe Kunst der rechtlichen Seite der Betriebsratstätigkeit. Jeder Vorgang muss daraufhin überprüft werden, ob die stärksten Beteiligungsrechte eingreifen können.

Welche betrieblichen Vorgänge verbergen sich konkret unter den drei Oberbegriffen? Zur Beantwortung können wir auf die Beispiele zurückgreifen, die im BetrVG selbst genannt sind.

2.1 Wirtschaftliche Angelegenheiten

Wirtschaftliche Angelegenheiten sind die wirtschaftliche Lage des Unternehmens selbst, die Planungen der Arbeitgeberin zur weiteren Entwicklung des Unternehmens und die Umsetzung solcher Planungen in Form erheblicher Veränderungen auf betrieblicher Ebene. § 106 Abs. 3 BetrVG, der die Einrichtung eines Wirtschaftsausschusses behandelt, nennt beispielhaft als wirtschaftliche Angelegenheiten:

Beispiele

- die wirtschaftliche und finanzielle Lage des Unternehmens,
- die Produktions- und Absatzlage,
- das Produktions- und Investitionsprogramm,
- Rationalisierungsvorhaben,
- Fabrikations- und Arbeitsmethoden, insbesondere die Einführung neuer Arbeitsmethoden,
- Fragen des betrieblichen Umweltschutzes und der unternehmerischen Sorgfaltspflichten in Lieferketten,
- die Einschränkung oder Stilllegung von Betrieben oder von Betriebsteilen,
- die Verlegung von Betrieben oder Betriebsteilen,
- der Zusammenschluss oder die Spaltung von Unternehmen oder Betrieben,
- die Änderung der Betriebsorganisation oder des Betriebszwecks,
- die Übernahme eines Unternehmens, wenn hiermit der Erwerb der Kontrolle verbunden ist,
- sonstige Vorgänge und Vorhaben, welche die Interessen der Arbeitnehmer des Unternehmens wesentlich berühren können.

Insbesondere in der letzten Formulierung zeigt sich, dass der Begriff der wirtschaftlichen Angelegenheiten ausgesprochen weitgefasst ist.

Häufig anzutreffendes Arbeitgeberinnen verhalten

Wie schon erwähnt, bestehen bei wirtschaftlichen Angelegenheiten die geringsten Beteiligungsrechte. Häufig flüchten sich deshalb Arbeitgeberinnen in das Argument, eine Angelegenheit sei lediglich wirtschaftlicher Natur und unterliege deshalb nicht der Mitbestimmung. Ob das wirklich so ist, entscheidet jedoch nicht die Arbeitgeberin. Der Betriebsrat muss dies selbst beurteilen und entsprechend sein Verhalten nach seiner eigenen Position ausrichten. Wenn er etwa sieht, dass die Reduzierung der Schreibtische in der Verwaltung mehr als nur eine Entscheidung über die Betriebsorganisation ist, sondern Fragen des Arbeitsschutzes berührt, bei denen er sehr viel weitergehende Mitbestimmungsrechte hat, muss er entscheiden, ob er sich mit der Unterrichtung zufrieden gibt, oder ob er diese stärkeren Rechte wahrnehmen will. Die Änderung der Büroarbeitsplätze als solche unterliegt damit zwar nicht der Mitbestimmung, wohl aber deren Ausgestaltung. Daher muss der Betriebsrat hier den Umweg über den Arbeitsschutz machen, wenn er Einfluss nehmen will. Mit seiner Einschätzung, dass unter diesem Gesichtspunkt ein Mitbestimmungsrecht besteht, muss der Betriebsrat nicht richtig liegen; er sollte sich aber niemals auf die Rechtsansichten der Arbeitgeberin zum Bestehen oder Nichtbestehen von Mitbestimmungsrechten verlassen. Diese hat naturgemäß ein anderes Interesse, das sie bei solchen Einschätzungen leitet.

2.2 Personelle Angelegenheiten

Individualbezug der Maßnahmen

Personelle Angelegenheiten sind zunächst einmal diejenigen, die die Beschäftigten individuell treffen. Gemeint sind damit folgende Vorgänge:

- Einstellung
- Entlassung
- Versetzung
- Eingruppierung oder Umgruppierung
- Kündigung

einzelner Beschäftigter.

Weil immer einzelne Personen betroffen sind, handelt es sich auch in der Sprache des Betriebsverfassungsgesetzes um personelle Einzelmaßnahmen. Sie sind geregelt in den §§ 99–105 BetrVG.

Daneben gibt es noch personelle Maßnahmen, die eher im Bereich der Planung angesiedelt und damit auch mehr den wirtschaftlichen Angelegenheiten zuzuordnen sind. Hierzu zählt vor allem die Personalplanung selbst. Darunter sind diejenigen Überlegungen zu verstehen, die darauf abzielen, festzustellen, welcher personelle Bedarf in Zukunft bestehen wird und wie dieser zu decken ist. Das Mitbestimmungsrecht hierzu findet sich in § 92 BetrVG.

Dazwischen steht der Bereich der betrieblichen Berufsausbildung und Berufsbildung. Hier sind sowohl einzelne Beschäftigte betroffen als auch ganze Gruppen, wenn es etwa um betriebliche Weiterbildungsprogramme geht. Diese Rechte sind in den §§ 96–98 BetrVG geregelt.

Bei den personellen Angelegenheiten sind die Mitbestimmungsrechte in den meisten Fällen auf Anhörungs- und Zustimmungsverweigerungsrechte beschränkt. Teilweise – etwa bei der Personalplanung gem. § 92 BetrVG – existieren auch nur Beratungsrechte. Weitergehend ist nur der Bereich der betrieblichen Berufsbildung. Hier bestehen sogar erzwingbare Mitbestimmungsrechte, wenn die betriebliche Entwicklung eine Qualifizierung der Beschäftigten erforderlich macht. Dann kann der Betriebsrat gem. § 97 Abs. 2 BetrVG die Durchführung von Berufsbildungsmaßnahmen auch gegen den Willen der Arbeitgeberin durchsetzen. Andernfalls hängt sein Mitbestimmungsrecht gem. § 98 BetrVG bei diesem Thema davon ab, dass die Arbeitgeberin selbst tätig wird und berufliche Bildung initiiert. Allerdings kann der Betriebsrat eine Einigungsstelle als Vermittlungsinstanz einschalten, wenn die Notwendigkeit von Bildungsmaßnahmen umstritten ist. Die kann in diesem Fall gem. § 96 Abs. 1a BetrVG aber nur den Konflikt moderieren und nicht darüber entscheiden.

2.3 Soziale Angelegenheiten

Der Kernbereich der Tätigkeit des Betriebsrats sind die sozialen Angelegenheiten. Diese zeichnen sich vor allem dadurch aus, dass sie die Betriebsorganisation betreffen und einen kollektiven Bezug haben. Eine Ausnahme hiervon bildet die Festlegung des Urlaubs, bei der der Betriebsrat auch dabei helfen kann, individuelle Anliegen einzelner Beschäftigter durchzusetzen.

Die sozialen Angelegenheiten sind in § 87 BetrVG aufgezählt:

Mitbestimmungskatalog

Nr. 1.: *Fragen der Ordnung des Betriebs und des Verhaltens der Arbeitnehmer im Betrieb;*
Nr. 2.: *Beginn und Ende der täglichen Arbeitszeit einschließlich der Pausen sowie Verteilung der Arbeitszeit auf die einzelnen Wochentage;*
Nr. 3.: *vorübergehende Verkürzung oder Verlängerung der betriebsüblichen Arbeitszeit;*

Nr. 4.: *Zeit, Ort und Art der Auszahlung der Arbeitsentgelte;*

Nr. 5.: *Aufstellung allgemeiner Urlaubsgrundsätze und des Urlaubsplans sowie die Festsetzung der zeitlichen Lage des Urlaubs für einzelne Arbeitnehmer, wenn zwischen dem Arbeitgeber und den beteiligten Arbeitnehmern kein Einverständnis erzielt wird;*

Nr. 6.: *Einführung und Anwendung von technischen Einrichtungen, die dazu bestimmt sind, das Verhalten oder die Leistung der Arbeitnehmer zu überwachen;*

Nr. 7.: *Regelungen über die Verhütung von Arbeitsunfällen und Berufskrankheiten sowie über den Gesundheitsschutz im Rahmen der gesetzlichen Vorschriften oder der Unfallverhütungsvorschriften;*

Nr. 8.: *Form, Ausgestaltung und Verwaltung von Sozialeinrichtungen, deren Wirkungsbereich auf den Betrieb, das Unternehmen oder den Konzern beschränkt ist;*

Nr. 9.: *Zuweisung und Kündigung von Wohnräumen, die den Arbeitnehmern mit Rücksicht auf das Bestehen eines Arbeitsverhältnisses vermietet werden, sowie die allgemeine Festlegung der Nutzungsbedingungen;*

Nr. 10.: *Fragen der betrieblichen Lohngestaltung, insbesondere die Aufstellung von Entlohnungsgrundsätzen und die Einführung und Anwendung von neuen Entlohnungsmethoden sowie deren Änderung;*

Nr. 11.: *Festsetzung der Akkord- und Prämiensätze und vergleichbarer leistungsbezogener Entgelte, einschließlich der Geldfaktoren;*

Nr. 12.: *Grundsätze über das betriebliche Vorschlagswesen;*

Nr. 13.: *Grundsätze zur Durchführung von Gruppenarbeit;*

Nr. 14.: *Ausgestaltung von mobiler Arbeit, die mittels Informations- und Kommunikationstechnik erbracht wird.*

Hier befinden wir uns im Bereich der erzwingbaren Mitbestimmung. Sind von einem Vorhaben der Arbeitgeberin oder des Betriebsrats zumindest auch soziale Angelegenheiten betroffen, besteht das starke Mitbestimmungsrecht.

3. Das Zusammenspiel der »Beteiligungsrechte«

Immer zu beachten ist, dass einzelne Maßnahmen mehrere dieser Themen berühren können. So ist etwa die Einführung von Zielvereinbarungen als Führungsinstrument ohne Zweifel eine wirtschaftliche Angelegenheit, über die der Betriebsrat unterrichtet werden muss.

Ratschlag für die Praxis

Dies heißt jedoch nicht, dass seine Mitwirkungsmöglichkeiten darauf beschränkt wären. Zwar ist in wirtschaftlichen Fragen in unserer Wirtschafts- und damit auch Rechtsordnung die unternehmerische Freiheit vorherrschend; es sind dem Betriebsrat deshalb lediglich geringe Rechte eingeräumt. Für ihn kommt es aber darauf an, zu ermitteln, ob im Einzelfall vielleicht auch Bezüge zu dem Bereich der sozialen Angelegenheiten zu erkennen sind und deshalb aus diesem Grund ein **stärkeres Mitbestimmungsrecht** besteht.

Bei Zielvereinbarungen ist dies der Fall: hiervon sind fast immer Fragen der betrieblichen Lohngestaltung und manchmal der Ordnung des Betriebs und auch der Festlegung und der Verteilung der Arbeitszeit auf die Wochentage betroffen. Schon ist der Betriebsrat in dem komfortablen Bereich der sehr viel weiter gehenden Mitbestimmungsrechte des § 87 BetrVG gelandet und muss sich nicht damit abspeisen lassen, nur einige wenige, häufig auch zweifelhafte Informationen über die Planungen der Arbeitgeberin zu erhalten.

III. Was das alles für die Betriebsratssitzung bringt

Und nun?

So groß die Freude über die wunderbare Ordnung im BetrVG auch sein mag – leider folgt daraus noch nicht, was denn jetzt eigentlich getan werden soll. Noch stehen wir vor einem unüberschaubaren Berg von Themen auf unserer Betriebsratssitzung. Diese Unsicherheit ist nicht weiter verwunderlich: Schließlich ist der Betriebsrat eine Instanz, die die Interessen der Beschäftigten vertreten und nicht nur Gesetze vollziehen soll. Damit unterscheidet sich seine Tätigkeit grundlegend von der einer Verwaltungsbehörde, deren Mitarbeiter im Grunde für alle Handlungen in ein Gesetz schauen müssen – oder sollten – aus dem sie entnehmen können, was im Einzelfall zu tun ist.

Geeignetes Instrument ist entscheidend

Der Betriebsrat hat demgegenüber eine politische Aufgabe, die es zunächst einmal erforderlich macht, sich Klarheit darüber zu verschaffen, was er denn eigentlich will. Erst wenn er seine Ziele formuliert hat, kann er in den Werkzeugkasten des Betriebsverfassungsgesetzes greifen, um das geeignete Instrument herauszuholen, das ihm bei der Umsetzung seines Anliegens hilfreich sein wird.

Schauen wir uns also nochmal an, was auf der Betriebsratssitzung Thema sein soll. Es ging um

1. die Einstellung zweier Monteure,
2. Mehrarbeit an der neuen Stanze,
3. »Personelles« mit unbekanntem Inhalt,
4. die Kündigung des Anzeigenverkäufers,
5. die Einführung mobiler Arbeit, verbunden mit der Reduzierung der Büroarbeitsplätze,
6. die schwerbehinderte Kollegin, die Kleinteile verpacken muss und
7. ein Tor, das nicht mehr richtig schließt.

Die Einstellung der beiden Monteure dürfte zu begeisterter Zustimmung bei den Vertretern der Beschäftigten führen. Allerdings ist auch hier Vorsicht angezeigt:

Ob die Monteure derzeit wirklich gebraucht werden oder ob hier vielleicht ein Verdrängungswettbewerb ausgelöst wird, weil nicht genügend Arbeitsplätze zur Verfügung stehen, wäre zu klären. Dann nämlich besteht auf kurze Sicht eine Gefahr für die Arbeitsverhältnisse derjenigen, die jetzt im Betrieb tätig sind.

Auch ist zu ermitteln, zu welchen Bedingungen die Einstellung erfolgt. Soll der Tarifvertrag eingehalten oder unterschritten werden? Ist die von der Arbeitgeberin vorgesehene Vergütungsgruppe richtig? Dies ist nicht nur für die einzustellenden Kollegen von Bedeutung, sondern auch für diejenigen, die bereits im Betrieb tätig sind. Die Vereinbarung untertariflicher Bedingungen mit nicht an den Tarifvertrag gebundenen Beschäftigten bedeutet eine langsame Absenkung des Niveaus, die über kurz oder lang auch andere treffen wird.

Zusätzliche Informationen sind erforderlich

Es ist daher keineswegs so, dass der Betriebsrat mit der bloßen Information, dass zwei Monteure eingestellt werden sollen, etwas anfangen kann. Vielmehr sind weitere Angaben zum Inhalt des Arbeitsverhältnisses, zur Eingruppierung und zur Aufgabenstellung erforderlich. Auch, ob es weitere Bewerbungen gegeben hat und warum die dem Betriebsrat als Einstellungen mitgeteilten Monteure ausgewählt worden sind, ist wichtig, weil der Betriebsrat gegen Diskriminierungen bei der Einstellung vorgehen können muss.

Der Betriebsrat braucht also zusätzliche Informationen zu diesem Thema, andernfalls wird er den Antrag der Arbeitgeberin auf Zustimmung zu den Einstellungen nicht sachgerecht bearbeiten können. Solange er diese Informationen nicht hat, muss er von Rechts wegen nichts machen, denn sein Schweigen wird vom Gesetz nur dann als Zustimmung gewertet, wenn alle Informationen vorliegen. Die Arbeitgeberin darf daher die Einstellung auch nicht vornehmen. Besser ist es aber, ausdrücklich darauf hinzuweisen, dass noch Angaben fehlen. Schließlich wollen die Monteure auch wissen, ob sie eingestellt werden oder nicht.

Der nächste Punkt war die Mehrarbeit an der neuen Stanze. Jeder kennt das Problem mit diesen Überstunden. Eigentlich will der Betriebsrat sie verhindern, weil damit Arbeitsplätze vernichtet werden. Auf der anderen Seite aber haben viele Kollegen ihren Lebensstandard auf diesen Zusatzverdienst eingestellt. Was hier am Schluss erreicht werden soll, muss erst einmal intensiv diskutiert werden. Allerdings dürfte klar sein, dass die Überstunden an der neuen Maschine nicht zur Dauereinrichtung werden können.

Zustimmungsverweigerung

Wenn es also so ist, dass diese mit permanenter Unterbesetzung gefahren wird, dann muss entsprechendes Personal eingestellt werden. Überstunden können allenfalls vorübergehend zur Überbrückung einer schwierigen Situation akzeptiert werden. Eine voreilige Zustimmung zu den Überstunden würde allenfalls dazu führen, dass die Arbeitgeberin weniger Druck hat, Neueinstellungen vorzunehmen. Deshalb muss sie zumindest erklären, warum es zu diesem Bedarf an der neuen Maschine kommt und wie lange er voraussichtlich noch besteht.

Solange das nicht bekannt ist, bekommt die Arbeitgeberin vom Betriebsrat auch keine Zustimmung.

Was auf der Tagesordnung als »Personelles« vermerkt war, hat sich in der Sitzung als die beabsichtigte Kündigung des Außendienstmitarbeiters herausgestellt. Zu diesem Fall ist den meisten im Betriebsrat sowieso alles bekannt. Was noch fehlt, sind Informationen darüber, wie es um die persönlichen Verhältnisse des Kollegen steht. Auch hier könnte der Betriebsrat also versucht sein, die Arbeitgeberin zur Vorlage weiter gehender Informationen aufzufordern. Allerdings, wie sich im weiteren Verlauf der Überlegungen noch herausstellen wird, ist dies genau der falsche Schritt. Auch wenn der Kollege nicht sehr beliebt ist, dürfte sich doch auch im Betriebsrat die Ansicht durchsetzen, dass man ihn vor einer Kündigung, die auf den bloßen Verdacht eines Spesenbetruges aufgebaut ist, schützen muss.

Weiter ging es mit dem Umbau in der Verwaltung und der Einführung mobiler Arbeit. Hier war die Arbeitgeberin äußerst freigiebig mit ihren Informationen. Sogar die Baupläne hat sie der Vorsitzenden gegeben. Damit gibt es eigentlich nichts mehr, was nachzufragen wäre. Lediglich ein Problem existiert: Keiner im Betriebsrat kann mit den Plänen etwas anfangen. Weder lässt sich für ungeübte Augen ohne Weiteres erkennen, wie diese Arbeitsplätze aussehen werden, noch ist zu ermessen, ob hier alle Bestimmungen des Arbeitsschutzes eingehalten werden. Schon jetzt ist absehbar, dass mindestens zwei der neu geplanten Räume so konstruiert sein werden, dass sie keinerlei Tageslicht abbekommen. Dies wird der Betriebsrat auf jeden Fall verhindern wollen.

Sachverständiger

Günstig wäre es, sich darüber mit Fachleuten zu unterhalten, etwa von der Berufsgenossenschaft oder eine entsprechend versierte Architektin.

Schließlich gab es noch das Problem der Schwerbehinderten, die auf einen neuen Arbeitsplatz geschoben wurde und dort im ständigen Luftzug arbeiten muss. Auch hier ist eigentlich alles, was der Betriebsrat wissen will, bekannt, um sein Anliegen zu verfolgen. Das besteht selbstverständlich darin, der Kollegin wieder den leichteren Arbeitsplatz in der Poststelle zu verschaffen. Unabhängig davon muss aber dafür gesorgt werden, dass das Tor repariert wird, damit sich auch andere dort nicht ständig eine Erkältung zuziehen.

Ein erster Überblick ergibt damit, dass wir zu mindestens zwei Themen, die auf der Betriebsratssitzung behandelt wurden, weitere Informationen benötigen. In einem Fall wäre eine sachverständige Beratung durch einen unabhängigen Sachverständigen sinnvoll und schließlich muss in den letzten beiden Angelegenheiten sofort etwas passieren. Der Sachverständige kann auch zunächst jemand aus dem eigenen Betrieb sein, der in § 80 Abs. 2 Satz 3 BetrVG als Auskunftsperson bezeichnet wird.

Möglichkeiten des Betriebsrats

Wenn diese Zielsetzungen des Betriebsrats zu den einzelnen Maßnahmen geklärt sind, können wir als nächstes eine grobe Zuordnung der Themen zu den einzelnen Mitbestimmungsrechten vornehmen, um auf diese Weise festzustellen, wie weit die Möglichkeiten des Betriebsrats reichen:

- Die Einstellung der Monteure ist eine personelle Einzelmaßnahme, für die die Arbeitgeberin in jedem Fall die Zustimmung des Betriebsrats benötigt.
- Die Mehrarbeit an der neuen Stanze ist eine Frage der Arbeitszeitgestaltung und unterfällt damit der Mitbestimmung im sozialen Bereich. Auch hier kommt die Arbeitgeberin nicht ohne Zustimmung des Betriebsrats weiter.
- Die geplante Entlassung des Außendienstmitarbeiters hingegen bedarf als Kündigung lediglich der Anhörung gem. § 102 BetrVG. Hier ist die Arbeitgeberin in ihrem weiteren Handeln nicht von der Zustimmung oder deren Verweigerung durch den Betriebsrat abhängig.

Der Umbau in der Verwaltung und die Einführung mobiler Arbeit können vielfältige Auswirkungen haben und damit auch mehrere Mitbestimmungsrechte berühren.

- Die Einführung mobiler Arbeit ist eine Veränderung der Arbeitsmethode und damit eine wirtschaftliche Angelegenheit. Hier sind Mitbestimmungsrechte des Betriebsrats nur schwach ausgestaltet. Bei dem Vorgang kann es sich aber auch um eine Betriebsänderung handeln. (Zu den Mitbestimmungsrechten in diesem Fall vgl. Hamm/Rupp, »Beschäftigungssicherung, Interessenausgleich und Sozialplan« / IG Metall-Handlungshilfe Nr. 11.)
- Die Arbeitsplätze in der Verwaltung werden umgestaltet. Auch hierfür bestehen Informationsrechte nach § 90 BetrVG.
- Weitergehend ist das Mitbestimmungsrecht gem. § 87 Abs. 1 Nr. 14 BetrVG, das sich allerdings nur auf die Ausgestaltung der mobilen Arbeit bezieht, nicht auf die Frage, ob diese eingeführt wird.
- Ändern sich die Arbeitsinhalte, kann dies eine Umgruppierung nach sich ziehen. Dies geht gem. § 99 BetrVG nur mit Zustimmung des Betriebsrats.
- Unter Umständen muss ein neues Vergütungsgruppensystem geschaffen werden, was der erzwingbaren Mitbestimmung nach § 87 Abs. 1 Nr. 10 BetrVG unterliegt.
- Da die mobile Arbeit mit einer IT-Anbindung an das Unternehmen funktioniert, stellen sich hier Aufgaben im Bereich der technischen Überwachung und des Datenschutzes, für die ein erzwingbares Mitbestimmungsrecht gem. § 87 Abs. 1 Nr. 6 BetrVG besteht.

- Schließlich sind die Arbeitszeitgestaltung und der Arbeitsschutz beim mobilen Arbeiten zu regeln, weshalb auch unter diesem Gesichtspunkt § 87 Abs. 1 Nr. 2 BetrVG ein erzwingbares Mitbestimmungsrecht bietet.

Die Einführung mobilen Arbeitens und der damit zusammenhängende Umbau der Büros sind also Maßnahmen, die einen ganzen Sack von Mitbestimmungsrechten berühren. Der Betriebsrat wäre schlecht beraten, würde er sich hier nicht mit ganzer Kraft für eine komplexe Lösung einsetzen.

Bleibt noch das Thema der Zuweisung des anderen Arbeitsplatzes an die schwerbehinderte Kollegin. Dies ist eine Versetzung, für die die Arbeitgeberin wiederum die Zustimmung des Betriebsrats gem. § 99 BetrVG benötigt. Allerdings ist die Situation hier anders als bei der Einstellung der Monteure: Die steht erst bevor, die Versetzung dagegen ist schon erfolgt. Welchen Einfluss das auf das Vorgehen des Betriebsrats hat, wird sich weiter unten zeigen.

Letztlich soll noch das Problem des beständigen Luftzugs gelöst werden. Dabei handelt es sich um ein Thema aus der Kategorie »Arbeits- und Gesundheitsschutz«, weshalb sowohl ein erzwingbares Mitbestimmungsrecht gem. § 87 Abs. 1 Nr. 7 BetrVG als auch eine Beteiligung gem. § 89 BetrVG in Betracht zu ziehen ist – Letztere allerdings bietet wenig Durchsetzungsmöglichkeiten.

IV. Die Beteiligung

Schauen wir uns nun an, wie die einzelnen Mitbestimmungsrechte in der Praxis funktionieren.

1. Der Informationsanspruch

Die grundlegende Vorschrift, wonach der Betriebsrat einen Anspruch auf Unterrichtung gegenüber der Arbeitgeberin hat, findet sich in § 80 Abs. 2 BetrVG. Dort heißt es:

»Zur Durchführung seiner Aufgaben nach diesem Gesetz ist der Betriebsrat rechtzeitig und umfassend vom Arbeitgeber zu unterrichten. (...) Dem Betriebsrat sind auf Verlangen jederzeit die zur Durchführung seiner Aufgaben erforderlichen Unterlagen zur Verfügung zu stellen (...).«

Grenzenloses Unterrichtungsrecht

Dieses Unterrichtungsrecht ist fast grenzenlos und nach der Rechtsprechung des Bundesarbeitsgerichts nur dann eingeschränkt, wenn das Verlangen des Betriebsrats rechtsmissbräuchlich ist, also erkennbar nicht wirklich dem Ziel dient, eine ausreichende Informationsbasis zu bekommen (BAG v. 11. 7. 1972 – 1 ABR 2/72, AiB 94, 625).

Der Informationsanspruch bezieht sich auf jeden Vorgang, der die Aufgabenstellung des Betriebsrats berührt, gleich ob die Initiative von ihm selbst oder von der Arbeitgeberin ausgeht. Die Aufzählung der allgemeinen Aufgaben in § 80 Abs. 1 BetrVG zeigt, dass der Bogen der Angelegenheiten weit gespannt ist, die den Betriebsrat kraft Gesetzes etwas angehen:

- die Überwachung, dass alle zugunsten der Beschäftigten geltenden Vorschriften eingehalten werden;
- die Beantragung von Maßnahmen, die Betrieb oder Belegschaft dienen;
- die Förderung der tatsächlichen Gleichstellung von Frauen und Männern;
- die Förderung der Vereinbarkeit von Familie und Erwerbstätigkeit;
- die Förderung der Eingliederung schwerbehinderter Menschen und anderer schutzbedürftiger Personen;
- die Förderung der Beschäftigung älterer Arbeitnehmer;
- die Förderung der Integration ausländischer Beschäftigter;
- die Bekämpfung von Fremdenfeindlichkeit und Rassismus im Betrieb;
- die Förderung der Beschäftigung im Betrieb;
- die Förderung von Arbeits- und betrieblichem Umweltschutz.

Außerdem besteht noch eine Verpflichtung zur Zusammenarbeit mit der Jugend- und Auszubildendenvertretung.

Daraus ergibt sich bereits, dass der Betriebsrat in all diesen Bereichen die Initiative ergreifen kann und damit unmittelbar den Informationsanspruch zu den entsprechenden Angelegenheiten gegen die Arbeitgeberin auslöst. (Initiative heißt in diesem Fall aber nicht, dass er sein Anliegen immer durchsetzen kann! Manchmal ist er auch darauf beschränkt, gute Vorschläge zu machen.)

Sobald der Betriebsrat in diesen Bereichen tätig werden will oder soll, kann er von der Arbeitgeberin alle Informationen einfordern, die er braucht, um die Aufgabe sachgerecht zu erledigen.

Zurück zum Beispielsfall

Um über die beabsichtigte Einstellung der beiden Monteure weitere Informationen zu bekommen, benötigen wir eine Vorschrift im BetrVG, die dem Betriebsrat hierbei eine Aufgabe zuweist. Die haben wir ja bereits aufgespürt: § 99 BetrVG legt fest, dass die Arbeitgeberin vor jeder Einstellung die Zustimmung des Betriebsrats einholen muss. Damit ist er im Umkehrschluss auch berechtigt, die weiteren Informationen einzufordern. Das wird in § 99 Abs. 1 BetrVG noch einmal deutlich betont.

Dasselbe gilt für die Mehrarbeit an der neuen Stanze. Hierbei handelt es sich um eine Arbeitszeitregelung, bei der gem. § 87 Abs. 1 Nr. 3 BetrVG ein erzwingbares Mitbestimmungsrecht und damit außerdem das Informationsrecht besteht.

Auch bei der Kündigung des Außendienstmitarbeiters ist der Betriebsrat im Boot. § 102 BetrVG bestimmt, dass jede Kündigung der vorherigen Anhörung des Betriebsrats bedarf. Hier gibt es also gleichfalls den entsprechenden Informationsanspruch.

Was die Veränderung in den Büroräumen anbelangt, kann sich der Betriebsrat für sein Verlangen nach einer sachverständigen Beratung auf § 80 Abs. 3 BetrVG berufen. Im selben Umfang wie Informationsrechte bestehen, hat er danach das Recht, bei der Durchführung seiner Aufgaben nach näherer Vereinbarung mit der Arbeitgeberin »Sachverständige« hinzuzuziehen. Wichtig ist allerdings, dass diese Beauftragung von Sachverständigen vorher mit der Arbeitgeberin vereinbart wird, weil die andernfalls nicht dazu verpflichtet ist, die Kosten – die im Einzelfall erheblich sein können – zu übernehmen. Immerhin aber liegt hier der Ansatzpunkt, um sich externe Unterstützung in solchen schwierigen Sachverhalten zu organisieren. Dazu muss der Betriebsrat aber bei der Beschlussfassung und der Vereinbarung mit der Arbeitgeberin ordnungsgemäß vorgehen.

Da weder im Falle der schwerbehinderten Kollegin noch bei dem defekten Lagertor weiterer Informationsbedarf bestand, wollen wir uns diesen Angelegenheiten später zuwenden.

Die Einführung der mobilen Arbeit ist in § 87 Abs. 1 Nr. 14 BetrVG als Gegenstand der Mitbestimmung ausdrücklich aufgeführt. Daher muss der Betriebsrat auch in diesem Punkt umfassend über die Pläne der Arbeitgeberin unterrichtet werden.

1.1 Die Realisierung des Informationsanspruchs

Dort, wo der Betriebsrat Informationen von der Arbeitgeberin haben will, geht es vor allem darum, diese Anforderungen präzise zu formulieren. Andernfalls besteht die Gefahr, dass diese mit ausweichenden Antworten zwar formell ihrer Verpflichtung zur Unterrichtung nachkommt, dem Betriebsrat hiermit aber nicht geholfen wird. Das soll am Beispiel der Mehrarbeit an der neuen Stanze kurz illustriert werden:

Die Frage an die Arbeitgeberin danach, ob die neue Stanze nicht richtig funktioniert und deshalb die Überstunden erforderlich sind bzw. ob die Arbeitsplanung für diesen Bereich fehlerhaft ist, lässt sich mit einem einfachen »Ja« oder »Nein« beantworten. Danach weiß der Betriebsrat allerdings nicht sehr viel mehr als vorher. Wichtiger ist es, die konkreten Bedingungen abzufragen, unter denen die Maschine eingesetzt wird.

Beispielhafte Fragen an die Arbeitgeberin

Fragen hierzu könnten also etwa lauten:

- Welche Überstunden sind in den vergangenen vier Wochen an der Stanze geleistet worden?
- Welche Umstände haben die Überstunden erforderlich gemacht?
- Welche Planungen existieren zum Personaleinsatz an der Stanze?
- Welche Abweichungen gibt es in der Praxis von diesen Planungen?
- Worin sind diese Abweichungen begründet?
- Welche Betriebsablaufstörungen an der Stanze sind in den vergangenen vier Wochen aufgetreten?
- Wodurch sind diese Störungen verursacht?
- Welche Initiativen sind geplant, um die Störungen abzustellen oder ihren erneuten Eintritt zu verhindern?

Merke:

> Dort, wo der Betriebsrat Informationen von der Arbeitgeberin haben will, geht es vor allem darum, Fragen richtig zu stellen.

Die Liste der Fragestellungen lässt sich fast unendlich fortsetzen. Wichtig ist es, der Arbeitgeberin möglichst wenig Raum für Wertungen zu lassen, sondern konkrete Sachinformationen abzufragen, auf deren Grundlage sich der Betriebsrat selbst seine Meinung bilden kann.

Reagiert die Arbeitgeberin hierauf nicht in der angemessenen Weise, nämlich durch Erteilung der verlangten Informationen, gibt es zwei denkbare Reaktionen: Entweder versucht der Betriebsrat, seinen Anspruch auf Information – im äußersten Fall gerichtlich – durchzusetzen, oder er kümmert sich nicht weiter um die Angelegenheit.

Die zweite Alternative ist für viele die erste Wahl. Manchmal kann sie sogar zum Ziel führen. Das ist dann so, wenn die Arbeitgeberin die Mitwirkung des Betriebsrats benötigt, damit sie ihre Maßnahme umsetzen darf. Hat der Betriebsrat kein eigenes Interesse daran, gibt es wenige Gründe, die Arbeitgeberin dadurch zu ihrem Glück zu zwingen, dass ihr die Informationen abgerungen werden. Wer nicht ordentlich informiert, bekommt eben keine Zustimmung. Allerdings sollte die Untätigkeit auch auf diese Fälle beschränkt werden.

Kommt dagegen der Betriebsrat ohne die Informationen von der Arbeitgeberin nicht weiter, kann er zwei verschiedene Wege gehen, um sie sich zu beschaffen: Die Ausschöpfung der innerbetrieblichen Verhandlungsmöglichkeiten einerseits und die arbeitsgerichtliche Durchsetzung andererseits. Beides schließt einander nicht aus. Das Informationsrecht des Betriebsrats ist ein eigenständiger Anspruch, der arbeitsgerichtlich verfolgt werden kann. Die rechtlichen Hürden für dessen Durchsetzung sind eher gering, insbesondere kann die Arbeitgeberin sich nicht damit herausreden, dass alles nur ein Versehen und kein grober Verstoß gegen die Rechte des Betriebsrats sei. Wenn also alle Stricke reißen, gibt es keine andere Möglichkeit, als mit Unterstützung von Gewerkschaften oder Anwälten ein arbeitsgerichtliches Verfahren gegen die Arbeitgeberin einzuleiten und sie so zu zwingen, die benötigten Informationen herauszugeben. Das kann auch sehr schnell gehen, denn zur Durchsetzung des Anspruchs ist auch der Erlass einer einstweiligen Verfügung möglich.

Erforderlich könnte ein solcher Weg bei den Themen unserer Betriebsratssitzung im Falle der Mehrarbeit an der neuen Stanze sein. Zwar hat der Betriebsrat

u. U. kein eigenes Interesse daran, dass diese Überstunden gefahren werden. Dies ändert jedoch nichts daran, dass er für seine weiteren Entscheidungen über die dortige Arbeitszeitgestaltung wissen muss, was an diesem Arbeitsplatz passiert.

Im Falle der Einstellung der Monteure und der Kündigung des Außendienstmitarbeiters sieht dies anders aus.

Gem. § 99 Abs. 4 BetrVG darf die Arbeitgeberin Monteure nicht einstellen, wenn der Betriebsrat die Zustimmung hierzu verweigert. Zwar ist die Zustimmungsverweigerung an eine Frist gebunden, diese läuft jedoch erst dann, wenn der Betriebsrat ordnungsgemäß unterrichtet wurde. Teilt der Betriebsrat der Arbeitgeberin also mit, dass er weiteren Informationsbedarf zu der beabsichtigten Einstellung hat und worin dieser besteht, so läuft die Frist zunächst einmal nicht und die Arbeitgeberin darf die Einstellung nicht vornehmen (BAG v. 5. 5. 2010 – 1 ABR 70/08).

Allerdings muss auch ein Anspruch auf die zusätzlichen Auskünfte bestehen, andernfalls ist die Arbeitgeberin nicht verpflichtet, sie zu erteilen und die Frist läuft. Damit hier nichts schief geht, sollte daher immer innerhalb der Wochenfrist eine Stellungnahme abgegeben werden. Stellt sich hinterher heraus, dass der Betriebsrat nicht richtig oder unvollständig unterrichtet wurde, ist das nur zu seinem Vorteil.

Wenn die Arbeitgeberin hier aber tatsächlich die Monteure schnell braucht, wird sie schon aus diesem Grund dem Informationsbegehren des Betriebsrats nachkommen.

Der Informationsanspruch des Betriebsrats erstreckt sich nur auf in Zusammenhang mit der Einstellung erforderliche Informationen. Der Familienstand der Einzustellenden etwa ist in diesem Zusammenhang bedeutungslos, nicht aber deren Qualifikation. Diese Information sollte daher vom Betriebsrat eingefordert werden.

Nachfragen mit negativen Folgen

Genau das gegenteilige Verhalten des Betriebsrats ist im Falle der Kündigung des Einkäufers mit dem Spesenproblem ratsam. Hier wäre eine ausdrückliche Nachfrage bei der Arbeitgeberin nach weiteren Informationen das Verkehrteste, was er machen kann.

Dies hängt mit der Rechtsprechung des Bundesarbeitsgerichts zusammen, welche Informationen die Arbeitgeberin im Rahmen einer Betriebsratsanhörung zu einer beabsichtigten Kündigung mitteilen muss. Hierzu gehören insbesondere auch die persönlichen Daten des zu Kündigenden (DKW-Bachner/Deinert, § 102 Rn. 67).

Fehlt es daran, ist es genauso, als wäre überhaupt keine Anhörung erfolgt. Die Kündigung ist deshalb unwirksam, wenn der Einkäufer sich dagegen zur Wehr setzt.

Geht der Betriebsrat in dieser Situation auf die Arbeitgeberin zu und verlangt Informationen, die diese von sich aus hätte übergeben müssen, so erreicht er damit nur, dass sie ihren Fehler korrigieren und die Kündigung so doch noch wirksam machen kann (BAG v. 6. 2. 1997 – 2 AZR 265/96). Daher ist in diesen Fällen von einer Nachfrage eher abzuraten, wenn es das Ziel des Betriebsrates ist, dabei zu helfen, die Kündigung durch das Arbeitsgericht für unwirksam erklären zu lassen. Der Gekündigte muss von diesem Verfahrensfehler lediglich durch den Betriebsrat erfahren, damit er bei einer Klage auch entsprechend argumentieren kann.

1.2 Die Quellen

Die Arbeitgeberin ist nicht die Einzige, die als Informationsquelle für den Betriebsrat in Betracht kommt. Zwar sollte sie niemals aus der Pflicht zur Unterrichtung entlassen werden, ihre Angaben bzw. die ihrer Vertreter sind jedoch immer mit Vorsicht zu behandeln und wenn möglich zu überprüfen. Dies muss kein Misstrauen sein: Die Arbeitgeberin hat aus ihrem Interesse heraus eine andere Sicht der Dinge. Die wird häufig nicht mit der der Belegschaft und des Betriebsrats übereinstimmen.

Arbeitskollegen einbeziehen

Vor allem die Kolleginnen und Kollegen im Betrieb sind es, die aus eigener Kenntnis Wissen über die fraglichen Angelegenheiten haben. Dieses Wissen sollte der Betriebsrat nutzen. Es steht ihm frei, alle Beschäftigten um Unterstützung seiner Arbeit zu bitten. Zwar kann die Arbeitgeberin intern festlegen, wer in ihrem Namen den Betriebsrat unterrichtet und damit anderen Beschäftigten untersagen, unautorisiert Informationen über ihre Pläne an diesen weiterzugeben. Für den Betriebsrat ist das jedoch nicht verbindlich, er kann Jede und Jeden anzapfen und muss dabei lediglich aufpassen, dass er diejenigen, die ihn trotz Schweigegelübdes unterstützen, dadurch nicht gefährdet. Diskretion ist hier Trumpf.

Die Arbeitgeberin kann dem Betriebsrat also nicht vorschreiben, an wen er mit der Bitte um Informationen herantreten darf und an wen nicht. Versucht sie aber, alle Informationen durch einen Flaschenhals zu kanalisieren, also die anderen Beschäftigten arbeitsrechtlich daran zu hindern, den Betriebsrat über ihre Vorhaben zu informieren, so hat dieser auch die Möglichkeit, eine solche Blockade ganz offiziell aufzubrechen. Hierzu steht ihm nach § 80 Abs. 2 BetrVG die Möglichkeit offen, einzelne Beschäftigte als »Auskunftspersonen« zu benennen. Darunter sind Beschäftigte des Betriebs zu verstehen, die zu einer bestimmten Sachfrage entsprechende Informationen haben, die sie an den Betriebsrat weitergeben sollen. Nur wenn betriebliche Notwendigkeiten entgegenstehen, kann die Arbeitgeberin die Bestellung der Auskunftsperson verweigern.

Zwar ist auch hier nicht ausgeschlossen, dass unwillige Arbeitgeberinnen mit diesen Auskunftspersonen vorherige Absprachen treffen. Dabei bleibt jedoch immer ein erheblicher Unsicherheitsfaktor für sie: Sie weiß ja gar nicht, welche Fragen der Betriebsrat im Einzelnen an die Auskunftspersonen hat und wie sich ein solches Gespräch entwickelt. Außerdem: Je mehr solcher Auskunftspersonen benannt werden, desto schwieriger ist es, deren Auskünfte tatsächlich noch zu steuern. Zumindest lässt sich die Blockade damit ein Stück weit aufbrechen.

Externe Sachverständige können gem. § 80 Abs. 3 BetrVG ebenfalls als Informationsquelle hinzugezogen werden. Dies ist allerdings erst dann möglich, wenn die betrieblichen Quellen ausgeschöpft sind. Hierzu zählen auch die Auskunftspersonen. Voraussetzung für die Beauftragung von externen Sachverständigen ist aber eine vorherige Vereinbarung mit der Arbeitgeberin. Ohne eine Vereinbarung steht nicht nur dessen Vergütung in Frage. Der Betriebsrat ist streng genommen überhaupt nicht befugt, mit ihm über betriebliche Interna zu reden. Die Vereinbarung mit der Arbeitgeberin ist nur dann überflüssig, wenn der Berater bei einer Betriebsänderung in einem Unternehmen mit mehr als 300 Arbeitnehmern hinzugezogen werden soll.

Kommt keine Vereinbarung mit der Arbeitgeberin über die Beauftragung zustande, kann sie auch über das Arbeitsgericht erzwungen werden. Die Erfolgsaussichten in einem solchen Prozess steigen, wenn der Betriebsrat sich vorher vergeblich darum bemüht hat, interne Auskunftspersonen gestellt zu bekommen.

Braucht der Betriebsrat externen Sachverstand zum Thema »Künstliche Intelligenz«, beantwortet das BetrVG die Frage nach der Notwendigkeit der Beratung selbst mit »Ja«. Streit kann es aber immer noch darüber geben, welche Person den Sachverstand liefert und über den Umfang des Auftrags und dessen Kosten.

Aufgabe von externen Sachverständigen ist es eigentlich nicht, den Betriebsrat zu informieren. Sie sollen dabei helfen, die Sachlage aufgrund bestehender

Informationen zu beurteilen. Dieser Unterschied spielt jedoch lediglich vor Gericht, nicht aber für die Praxis eine Rolle, denn tatsächlich verschaffen sie dem Betriebsrat in diesem Rahmen häufig erst die erforderlichen Kenntnisse, etwa über die Funktionsweise von IT-Systemen.

Weitere Informationswege

Daneben stehen dem Betriebsrat noch weitere Informationswege offen. Hierzu zählen insbesondere frei verfügbare Medien wie Presseorgane, Fachveröffentlichungen und natürlich das Internet.

Alle diese Zugänge stehen grundsätzlich offen, sind aber mit dem Problem behaftet, dass ihre Nutzung Kosten verursacht. Bei Zeitschriften, die die Arbeitgeberin dem Betriebsrat sowieso zur Verfügung stellt oder die im Unternehmen vorhanden sind, weil einzelne Abteilungen sie beziehen, ist für die Kostentragung bereits gesorgt. Nur dann, wenn zusätzlich etwas benötigt wird, sind bestimmte Formalien einzuhalten.

Wenn etwa der Betriebsrat ein bestimmtes Heft der Zeitschrift »Manager Magazin« benötigt, weil darin ein Hintergrundartikel über das eigene Unternehmen und dessen zukünftige Veränderungen enthalten ist, so kann natürlich ein Betriebsratsmitglied zum nächsten Kiosk gehen und dort das Heft kaufen. Der Versuch, den Kaufpreis erstattet zu bekommen, muss jedoch nicht von Erfolg gekrönt sein, weil die Arbeitgeberin gem. § 40 Abs. 2 BetrVG nur verpflichtet ist, derartige sachliche Mittel für die Betriebsratsarbeit zur Verfügung zu stellen. Einen ausgelegten Kaufpreis dagegen muss sie nur dann erstatten, wenn das vorher mit dem Betriebsrat so vereinbart worden ist. Daher muss in solchen Fällen immer die Arbeitgeberin aufgefordert werden, den speziellen Artikel innerhalb einer ihr zu setzenden Frist zu beschaffen. Kommt sie dem nicht nach, gibt es nur die Möglichkeit, diesen Anspruch auf Beschaffung einzuklagen, nicht aber die Erstattung des Preises von sich aus zu erzwingen. (Zur Kostentragungspflicht der Arbeitgeberin vgl. Böttcher, »Die Arbeit im Betriebsratsgremium« / IG Metall-Handlungshilfe Nr. 2).

Elektronische Medien

Betriebsräte, denen von ihrer Arbeitgeberin ein Internet-Zugang zur Verfügung gestellt wurde, können das Internet zur Recherche von frei zugänglichen Informationen ohne Einschränkung nutzen. Erst wenn dadurch zusätzliche Kosten entstehen, muss wiederum eine Vereinbarung mit der Arbeitgeberin hierüber getroffen werden. (Im Anhang 4 ist eine Liste von Internet-Adressen enthalten, die für die Arbeit des Betriebsrats interessant sein können.)

2. Das Anhörungsrecht

Begrenzte Handlungsmöglichkeiten

Auch wenn im Falle des zu kündigenden Außendienstmitarbeiters dem Betriebsrat vermutlich zu wenig Informationen gegeben wurden, um hier eine sachgerechte Entscheidung treffen zu können, lautete doch oben die Empfehlung, keine weiteren Nachfragen zu diesem Thema an die Arbeitgeberin zu richten. Dies hängt mit der bereits beschriebenen Folge zusammen, die eine unzureichende Unterrichtung des Betriebsrats für die Kündigung hat: Sie ist ebenso unwirksam, als wenn gar keine Anhörung erfolgt.

Verstehen kann dies nur, wer sich klar macht, dass bei der Anhörung entscheidend ist, was die Arbeitgeberin dem Betriebsrat als ihre Motive für die Kündigung mitteilt und nicht, welche Meinung der Betriebsrat dazu hat und ihm als Antwort mitteilt.

Dennoch beschreibt § 102 Abs. 2 und 3 BetrVG ausführlich ein formalisiertes Verfahren, wie der Betriebsrat sich bei einer solchen Anhörung Gehör verschaffen kann.

Bedenken und Widerspruch

Danach kann er gegen eine Kündigung zunächst »Bedenken« anmelden. Diese muss er unter Angabe von Gründen der Arbeitgeberin innerhalb einer Woche schriftlich mitteilen. Bei einer außerordentlichen Kündigung beträgt diese Frist nur drei Tage.

Versäumt er diese Frist, ist die Zustimmung zur Kündigung erteilt, was ihr jedoch auch nicht zu höherer Wirksamkeit verhilft. Der Betriebsrat ist nicht die Instanz, die zu beurteilen hat, ob eine Kündigung im Einklang mit dem Kündigungsschutzrecht steht.

Äußert der Betriebsrat Bedenken, hat dies aber auch keinen Einfluss darauf, ob die Arbeitgeberin kündigen darf oder nicht. Die Einhaltung von Form und Frist bei der Äußerung von Bedenken hat lediglich zur Folge, dass sie sich nicht auf eine Zustimmung des Betriebsrats zur Kündigung berufen kann, was ihr wiederum sowieso nichts nützen wird, weil auch die Zustimmung des Betriebsrats zur Kündigung rechtlich ohne Bedeutung ist. Bedenken sind also nur ein Signal an die betroffenen Beschäftigten, die Arbeitgeberin und gegebenenfalls das Arbeitsgericht, dass die Kündigung innerbetrieblich nicht unumstritten war. Mehr nicht!

Widerspruchsgründe

Statt Bedenken zu äußern, kann der Betriebsrat einer ordentlichen Kündigung auch widersprechen. § 102 Abs. 3 BetrVG begrenzt allerdings den Katalog der denkbaren Widerspruchsgründe. Im Einzelnen sind dies:

- die Nichtberücksichtigung sozialer Gesichtspunkte bei der Auswahl des zu Kündigenden;
- der Verstoß gegen eine Richtlinie nach § 95 BetrVG (Auswahlrichtlinie);
- die Weiterbeschäftigungsmöglichkeit des Gekündigten bei Umsetzung auf einen anderen Arbeitsplatz im Betrieb oder Unternehmen;
- die Weiterbeschäftigungsmöglichkeit nach zumutbaren Weiterbildungsmaßnahmen;
- die Weiterbeschäftigungsmöglichkeit unter geänderten Vertragsbedingungen, wenn diesbezüglich Einverständnis des Gekündigten besteht.

Diese Begrenzung der Gründe macht das Verfahren des Widerspruchs durch den Betriebsrat ausgesprochen kompliziert, weil es immer wieder Schwierigkeiten bereitet, diesen Anforderungen des Gesetzes an die Begründung des Widerspruchs zu genügen. Allerdings sollte der Betriebsrat sich überlegen, welchen Aufwand er hier tatsächlich betreiben will. Schließlich ist die Rechtsfolge, die durch einen Widerspruch ausgelöst wird, keineswegs diejenige, die zu erwarten wäre. Naheliegend wäre es, an den Widerspruch die Folge zu knüpfen, dass der Ausspruch der Kündigung damit zunächst einmal unmöglich gemacht wird. Dies ist jedoch nicht so.

Weiterbeschäftigungsanspruch

Tatsächlich löst der frist- und ordnungsgemäße Widerspruch gem. § 102 Abs. 5 BetrVG nur einen Anspruch des Gekündigten aus, während eines Kündigungsschutzverfahrens bis zu dessen Abschluss zu unveränderten Arbeitsbedingungen weiter beschäftigt zu werden. Kommt die Arbeitgeberin dieser Verpflichtung nicht nach, bleibt der Vergütungsanspruch für die ganze Laufzeit des Kündigungsschutzverfahrens auch dann erhalten, wenn der Prozess verloren geht. (Dazu: Hinrichs, »Rechte des Betriebsrats bei Kündigungen« bzw. IG Metall-Handlungshilfe Nr. 27 »Kündigungsschutz«.) Der Weiterbeschäftigungsanspruch kommt jedoch aus zwei Gründen in der Regel überhaupt nicht zum Tragen. Der erste sind die Beschäftigten selbst: Sie sehen meist ihre Aussichten realistisch und wissen, dass auch bei einem gewonnenen Kündigungsschutzprozess die Rückkehr in den Betrieb problematisch und der dortige Verbleib nur von kurzer Dauer sein wird. Daher suchen sie sich lieber eine andere Stelle, statt die Zeit bei der alten Arbeitgeberin zu vertrödeln. Der andere Grund hängt damit zusammen: Die Gekündigten lassen sich bei diesen Aussichten lieber auf die Zahlung einer Abfindung als Preis für die Hinnahme der Kündigung ein. Darüber wird aber häufig noch innerhalb der Kündigungsfrist – während derer sowieso ein Beschäftigungsanspruch besteht – im Gütetermin vor dem Arbeitsgericht

Einigung erzielt. Im wirklichen Leben spielt der Weiterbeschäftigungsanspruch daher fast keine Rolle.

Die Regelungen des § 102 BetrVG suggerieren manchem Betriebsrat, tatsächlichen Einfluss auf die Kündigung selbst nehmen zu können. Bedenken zu äußern oder einer Kündigung zu widersprechen ist häufig lediglich der letzte Versuch des Betriebsrats, durch einen derartigen formalen, wohlbegründeten Akt, die Arbeitgeberin argumentativ vom Entschluss zur Kündigung abzubringen. Die Anstrengungen des Betriebsrats gehen jedoch meist ins Leere.

Im Falle der Mitbestimmungsmöglichkeiten bei der Kündigung hat der Gesetzgeber also ein Verfahren für den Betriebsrat geschaffen, in dem dieser sehr viele Formalien einhalten muss, ohne dass er hierfür mit einer wirklichen Einflussnahme auf die schließliche Maßnahme der Arbeitgeberin belohnt wird.

Fehlerhafte Anhörung führt zur Unwirksamkeit

Der viel interessantere Aspekt an dem Anhörungsverfahren für die Beschäftigten ist derjenige, dass Arbeitgeberinnen hier häufig Fehler unterlaufen, die dann zur Unwirksamkeit der Kündigung führen. Das Bundesarbeitsgericht knüpft an die fehlerhafte Anhörung, die vor allem in der unvollständigen Weitergabe von Informationen besteht, dieselbe Rechtsfolge wie an das vollständige Unterlassen der Anhörung: Die Kündigung wird unwirksam.

Der Betriebsrat muss im Rahmen der Anhörung nach § 102 BetrVG über alle diejenigen Umstände informiert werden, die die Arbeitgeberin zum Ausspruch der Kündigung veranlassen. Diese Beschränkung auf ihre Motive ist ausgesprochen ernst zu nehmen. Sie muss dem Betriebsrat keinen Vortrag darüber halten, warum die Kündigung juristisch gerechtfertigt ist, sondern lediglich seine eigenen Beweggründe offenlegen. Übrigens auch bei Kündigungen in der Probezeit (BAG v. 18. 5. 1994 – 2 AZR 920/93) bzw. in den ersten sechs Monaten des Arbeitsverhältnisses.

In der Konsequenz heißt dies, dass die Arbeitgeberin, die nur deshalb kündigt, weil sie nach vollständiger juristischer Prüfung von der Rechtmäßigkeit überzeugt ist, dem Betriebsrat diese Überlegungen auch mitteilen muss. Die Arbeitgeberin hingegen, die lediglich aus Verärgerung eine Kündigung ausspricht, unterrichtet den Betriebsrat vollständig, wenn sie ihm ihren Gemütszustand darstellt. Dies alles sagt nichts darüber aus, ob es einen gesetzlich anerkannten Grund für die Kündigung gibt. Hier geht es nur um die Einhaltung eines bestimmten Verfahrensablaufs. Verschweigt die Arbeitgeberin in der Anhörung Gründe, die sie zur Kündigung bewogen hat, kann sie sich darauf im Kündigungsschutzprozess nicht berufen. Die Kündigung ist deshalb aber nicht unwirksam.

Fast immer muss der Betriebsrat über die sogenannten Sozialdaten, also Alter, Dauer der Betriebszugehörigkeit, Familienstand und Unterhaltsverpflichtungen, informiert werden, sofern er diese Angaben nicht bereits aus eigener Kenntnis hat. Bei einer betriebsbedingten Kündigung muss auch dargelegt werden, zwischen welchen Beschäftigten die soziale Auswahl erfolgte und warum sie zu Ungunsten des Gekündigten ausgegangen ist.

Im Falle des zu kündigenden Außendienstmitarbeiters hat die Arbeitgeberin genau an dieser Stelle einen Fehler gemacht:

Die Sozialdaten sind dem Betriebsrat nicht mitgeteilt worden. Reagiert der Betriebsrat nun wie vom Gesetz vorgesehen, äußert er also Bedenken gegen die Kündigung, wird die Arbeitgeberin sich nicht gehindert fühlen, diese auszusprechen. Der Kollege hat aber im späteren Arbeitsgerichtsverfahren gute Chancen, dieses für sich zu entscheiden oder doch zumindest über eine höhere Abfindung zu verhandeln, weil die Arbeitgeberin einen formalen Fehler bei der Anhörung gemacht hat.

Fordert der Betriebsrat dagegen eine Nachbesserung der Anhörung, so gibt er damit der Arbeitgeberin Gelegenheit, diesen Fehler noch zu reparieren und die Kündigung durch Übergabe der Sozialdaten in dieser Hinsicht »wasserdicht« zu machen. Zu großes Bemühen um Zusammenarbeit bei der Anhörung zur Kündigung kann also eher das Gegenteil dessen bewirken, was der Betriebsrat eigentlich will: Die Gefährdung des Arbeitsplatzes des Betroffenen erhöht sich noch, weil die Chancen im Kündigungsschutzprozess sinken.

... darum Zurückhaltung im Rahmen der Anhörung

Zurückhaltung im Rahmen der Anhörung nach § 102 BetrVG ist dem Betriebsrat immer dann zu empfehlen, wenn zwischen ihm und der Arbeitgeberin ein Klima herrscht, in dem zwar die Rechte nach dem BetrVG eingehalten, dem Betriebsrat aber keine darüber hinausgehenden Einflussmöglichkeiten eröffnet werden. Dort, wo tatsächlich ein kooperatives Klima herrscht, die Bedenken des Betriebsrats bei einer Kündigung also ernst genommen werden und Auswirkungen auf den Kündigungsentschluss haben können, sollte auch weniger formal vorgegangen werden. In diesen Fällen kann tatsächlich das Bemühen um die sachlich beste und nicht die juristisch trickreichste Lösung im Vordergrund stehen.

Merke:

Bei der Anhörung zur Kündigung ist der Betriebsrat gut beraten, sich nicht darum zu bemühen, die Arbeitgeberin zur »vertrauensvollen Zusammenarbeit« anzuhalten. Damit schützt er nicht die zu kündigenden Kollegen, sondern allenfalls die Arbeitgeberin selbst.

3. Zustimmungsverweigerungsrechte

Zustimmungsverweigerungsrechte begegnen uns lediglich in § 99 BetrVG. Sie betreffen die sogenannten personellen Einzelmaßnahmen.

Zu beachten ist zunächst, dass dem Betriebsrat keine Initiativrechte in diesem Bereich zustehen. Selbstverständlich ist es ihm unbenommen, von sich aus auf die Arbeitgeberin zuzugehen und ihr Vorschläge zu machen, ob eine Kollegin besser einen anderen Arbeitsplatz bekommt oder eine Person eingestellt werden soll. Dies gehört sogar unbedingt zu den Initiativen, die der Betriebsrat ergreifen sollte. § 80 Abs. 1 Nr. 2 BetrVG weist ihm die allgemeine Aufgabe zu, »Maßnahmen, die dem Betrieb und der Belegschaft dienen, beim Arbeitgeber zu beantragen«. Hierzu können auch Einstellungen, Versetzungen oder Umgruppierungen gehören. Allerdings fehlt es an der Durchsetzbarkeit solcher Ideen.

Anders verhält sich dies aus der Sicht der Arbeitgeberin: Plant sie die Einstellung etwa der Monteure oder die Zuweisung eines anderen Arbeitsplatzes wie im Falle der schwerbehinderten Kollegin, die jetzt Kleinteile verpacken muss, darf sie dies auch dann umsetzen, wenn sie mit dem Betriebsrat darüber keine Einigung erzielt. Allerdings nicht ohne Weiteres, sondern nur, wenn sie ein Gerichtsverfahren anstrengt – und gewinnt. Dies ergibt sich aus § 99 Abs. 4 BetrVG. Dort heißt es:

»Verweigert der Betriebsrat seine Zustimmung, so kann der Arbeitgeber beim Arbeitsgericht beantragen, die Zustimmung zu ersetzen.«

Zustimmung immer erforderlich

Mit anderen Worten: die Arbeitgeberin braucht die Zustimmung immer, sie ist bei personellen Einzelmaßnahmen keineswegs eine absolute Herrscherin im Betrieb. Bekommt sie sie nicht vom Betriebsrat, kann sie versuchen, sie sich beim Arbeitsgericht zu holen. Ob sie die Zustimmung da bekommt, steht auf einem anderen Blatt.

Selbstverständlich ist die Arbeitgeberin nicht gezwungen, diesen Weg zu gehen. Von Gesetzes wegen ist sie dann aber gehindert, ihre Planung umzusetzen. Was jedoch manche Arbeitgeberin nicht daran hindert, dies dennoch zu tun. Wie der Betriebsrat darauf reagieren kann, wird weiter unten thematisiert.

Die Arbeitgeberin braucht in Unternehmen mit mehr als zwanzig Beschäftigten die Zustimmung für alle personellen Einzelmaßnahmen, mit Ausnahme von Kündigungen. Wichtig ist, dass es hier auf die Größe des Unternehmens ankommt.

Unternehmen ist die rechtliche Einheit, der die Betriebe angehören. Wenn das die entsprechende Größe hat, gibt es dieses Mitbestimmungsrecht auch dann, wenn in dem Betrieb, in dem die Maßnahme vollzogen wird, weniger als 20 Personen beschäftigt sind.

§ 99 BetrVG listet die personellen Einzelmaßnahmen auf:

Gegenstände der Anhörung

- Einstellungen
- Eingruppierungen
- Umgruppierungen
- Versetzungen

Nun wäre es langweilig, wenn sich aus dem landläufigen Verständnis dieser Begriffe bereits deren relevanter Inhalt für die Mitbestimmungsrechte ergeben würde. BetrVG und Rechtsprechung haben hier einige Besonderheiten parat, die zu kennen für den Betriebsrat mehr als nützlich sind.

3.1 Einstellung

Eine Einstellung ist zunächst einmal das, was alle darunter verstehen: Der Abschluss eines neuen Arbeitsvertrages. Allerdings gäbe es keinen Streit, wenn dies der einzige Fall der Hereinnahme neuer Beschäftigter wäre, bei dem die Zustimmung des Betriebsrats erforderlich ist. Häufig kommt es vor, dass die Arbeitgeberin Personen in den Betrieb integriert, von denen sie behauptet, sie seien überhaupt keine »Arbeitnehmer« oder sie habe keinen Arbeitsvertrag mit ihnen geschlossen. Letzteres ist allerdings meist nur in dem Sinne zu verstehen, dass kein schriftlicher Vertrag existiert.

Eingliederung in Arbeitsorganisation

Solche Streitereien sind überflüssig, denn das Mitbestimmungsrecht besteht in allen Fällen, in denen die Personen tatsächlich in den Betrieb und die Arbeitsorganisation eingegliedert werden. Das ist zumindest die Ansicht des Bundesarbeitsgerichts (BAG v. 5. 5. 1992 – 1 ABR 78/91), die in solchen Fragen maßgeblich ist. Tatsächlich eingegliedert werden z. B. auch Leiharbeitnehmer. Dieses Mitbestimmungsrecht ist in § 14 Abs. 3 Arbeitnehmerüberlassungsgesetz anerkannt. Es kommt aber auch vor, dass eine solche Eingliederung passiert, ohne dass dies ausdrücklich als Arbeitnehmerüberlassung bezeichnet wird (BAG v. 13. 12. 2005 – 1 ABR 51/04).

Allerdings sind auch nicht alle, die irgendwann einmal im Betrieb auftauchen, in die Arbeitsorganisation eingegliedert. So ist es keine Seltenheit, dass mit »freien« Mitarbeitern, mit Fremdfirmen oder sogenannten selbstständigen Werkunternehmern Verträge geschlossen werden. Wenn diese tatsächlich selbstständig sind und nicht nur als Scheinselbstständige beschäftigt werden, um Sozialabgaben zu sparen, entfällt das Mitbestimmungsrecht.

Für den Fall unserer Monteure lässt sich dies so unterscheiden:

- Wird mit ihnen ein normaler Arbeitsvertrag geschlossen und nehmen diese ihre Arbeit nach Weisung der Arbeitgeberin bzw. ihrer Beauftragten auf, so handelt es sich um ein Arbeitsverhältnis und das Mitbestimmungsrecht nach § 99 BetrVG steht außer Zweifel.
- Hat die Arbeitgeberin dagegen eine andere Firma mit den Montagearbeiten beauftragt und schickt diese ihre Leute in den Betrieb, kann das auf zwei Wegen passieren: Entweder es handelt sich um eine Firma, die mit eigenen Leuten einen Auftrag im Betrieb ausführt – etwa der Malerbetrieb, der die Sozialräume mit eigenen Leuten auf Vordermann bringt. Dann muss die Arbeitgeberin sich hierfür nicht die Zustimmung des Betriebsrats holen. Diese Monteure sind in den Betrieb dieses fremden Unternehmens eingegliedert, nicht aber in den, für den unser Betriebsrat gewählt wurde.
- Anders sieht es aus, wenn Beauftragte den Auftrag nicht selbst ausführen, sondern nur ihre Leute schickten. Wenn diese den Weisungen der beauftragenden Arbeitgeberin unterliegen, werden sie in den Betrieb eingegliedert und sind Leiharbeitnehmer. Hierbei ist der Betriebsrat wieder gem. § 99 BetrVG zu beteiligen, auch wenn das Verhältnis nicht ausdrücklich als Arbeitnehmerüberlassung bezeichnet wird.
- Die vierte Variante ist ebenfalls problematisch und führt zu vielen Auseinandersetzungen: Hier tritt jeder Monteur als selbstständiges Unternehmen auf und lässt sich für spezielle Aufträge anheuern. Ob aber der Monteur wirklich selbstständig ist oder rechtlich doch ein »Arbeitnehmer«, dem man die entsprechenden Rechte verweigern will, muss dann im Einzelnen überprüft werden. Scheinselbstständige sind tatsächlich Arbeitnehmer, hier besteht daher ebenfalls das Mitbestimmungsrecht gem. § 99 BetrVG bei der Einstellung.

Grundsätzlich ist es zulässig, mit Fremdfirmen, Selbstständigen, Freelancern usw. zu arbeiten. Häufig sind aber gerade dies Fälle der Scheinselbstständigkeit, in denen sich hinter freien Vertragsverhältnissen in Wirklichkeit ein Arbeitsverhältnis verbirgt.

Konkrete Informationen über Ausgestaltung des Vertragsverhältnisses

Der Betriebsrat muss in jedem Fall für sich selbst eine Entscheidung treffen, ob es sich um ein Arbeitsverhältnis handelt und er folglich die Mitbestimmungsrechte nach § 99 BetrVG einfordert oder nicht. Hierzu benötigt er zunächst einmal konkrete Informationen über die Ausgestaltung des Vertragsverhältnisses mit den »selbstständigen« Monteuren. Die Arbeitgeberin ist also auf Nachfrage verpflichtet, dem Betriebsrat die Verträge mit diesen vorzulegen oder, sofern keine schriftlichen Verträge existieren, den Inhalt der Vereinbarung zu erläutern. Der Betriebsrat hat einen Anspruch hierauf, weil er in eigener Verantwortung das Vorliegen eines Mitbestimmungstatbestandes prüft (BAG v. 23. 3. 2010 – 1 ABR 81/08). Wir merken: Wieder ist das Informationsrecht das Fundament der Mitbestimmung. Da die Beteiligung bei personellen Einzelmaßnahmen eine Aufgabe aus dem BetrVG ist, ergibt sich der Anspruch auf Unterrichtung aus § 80 Abs. 2 BetrVG und ist dort ausdrücklich auch auf Personen bezogen, die nicht als Arbeitnehmer im Betrieb der Arbeitgeberin eingesetzt sind.

Maßstab für die Prüfung des Betriebsrats, ob er das Mitbestimmungsrecht einfordert, ist der Grad der Selbstständigkeit, der dem betroffenen Personenkreis verbleibt. Dabei ist nicht so sehr die Selbstständigkeit bezüglich der zu erbringenden Arbeitsleistung oder die wirtschaftliche Unabhängigkeit zu beurteilen. Im Vordergrund stehen vielmehr Aspekte wie etwa

- Freiheit bei der zeitlichen Gestaltung (Beginn und Ende der Arbeitszeit),
- Zulässigkeit, sich bei der Ausführung des Auftrages vertreten zu lassen,
- Verfahren bei längerfristiger Abwesenheit (Urlaubsgewährung),
- Verfahren bei Erkrankung (Vorlage von Arbeitsunfähigkeitsbescheinigung) sowie
- Bindung an bestimmte Ordnungsvorgaben wie etwa Arbeitsbekleidung, Benutzung einer Zeiterfassungseinrichtung.

Je enger die Anbindung in diesen Fragen an die Entscheidungsgewalt der Arbeitgeberin ist, desto eher ist davon auszugehen, dass es sich tatsächlich um ein Arbeitsverhältnis handelt, weil der Arbeitnehmer in diesen Punkten ihren Weisungen unterliegt und damit eingegliedert wurde. In diesem Fall muss die Arbeitgeberin die Zustimmung des Betriebsrats zur Einstellung einholen.

Die vertraglichen Regelungen, die die Arbeitgeberin mit den Monteuren treffen will, sind von Interesse für die Beurteilung des Betriebsrats – aber nicht ausschlaggebend. Weder die Notwendigkeit, jeweils zum Monatsende eine Rechnung mit Mehrwertsteuer zu stellen, noch die ausdrückliche Vereinbarung, dass kein Arbeitsverhältnis vorliegen soll, können der Beziehung den Charakter des Arbeitsverhältnisses nehmen, wenn dieser sich aus anderen Umständen ergibt. Aus den vertraglichen Regelungen können sich aber Indizien ergeben.

Entscheidet der Betriebsrat sich für die Bewertung als Arbeitsverhältnis, wird er hierdurch in aller Regel die Arbeitgeberin nicht von der Notwendigkeit überzeugen, die damit erforderliche Zustimmung auch einzuholen. Dies hängt vor allem mit finanziellen Auswirkungen zusammen. Gesteht die Arbeitgeberin von sich aus zu, dass ein Arbeitsverhältnis vorliegt, muss sie Abgaben an die Sozialversicherung leisten. Andernfalls macht sie sich strafbar.

Der Betriebsrat kann in dieser Situation nicht darauf warten, dass die Arbeitgeberin ihn um seine Zustimmung zur Einstellung bittet, sondern wird sich seinerseits um die Durchsetzung seines Mitbestimmungsrechts bemühen müssen. Wie das funktioniert, wird weiter unten beschrieben.

Eine Eingliederung im Sinne des oben Beschriebenen ist auch dann gegeben, wenn eine Person, die bereits mit einem befristeten Arbeitsverhältnis im Betrieb tätig ist, einen unbefristeten oder auch einen weiteren befristeten Vertrag erhalten soll. Beides gilt immer als Neueinstellung, deshalb braucht die Arbeitgeberin die Zustimmung des Betriebsrats (BAG v. 28. 10. 1986 – 1 ABR 16/85).

Unter einer Einstellung ist also sowohl der Abschluss eines Arbeitsvertrags als auch die tatsächliche Eingliederung in den Betrieb zu verstehen.

3.2 Eingruppierungen und Umgruppierungen

Vergütungsgruppen aus Tarifverträgen

Eingruppierung und Umgruppierung sind Bezeichnungen für den Vorgang, bei dem eine zu verrichtende Tätigkeit einer speziellen Vergütungsgruppe zugeordnet wird. Die Vergütungsgruppen sind üblicherweise Tarifverträgen zu entnehmen. Aber auch dann, wenn die Arbeitgeberin nicht tarifgebunden ist, können solche Vergütungsgruppen existieren. Denkbar ist zum einen, dass aufgrund einer Verweisung in den einzelnen Arbeitsverträgen oder der sogenannten betrieblichen Übung der Tarifvertrag angewendet wird. Dann besteht für jeden Einzelfall der Anspruch darauf, entsprechend in das tarifliche Gerüst integriert zu werden.

Schließlich muss ein tarifliches Entgeltgruppensystem auch dann weiter angewendet werden, wenn die Bindung an den Tarifvertrag geendet hat. Eine Änderung dieses Systems muss er dann zunächst mit dem Betriebsrat vereinbaren (BAG v. 2. 3. 2004 – 1 AZR 271/03).

Außerdem könnte, wenn keine Tarifbindung existiert, ein vergleichbares System von Vergütungsgruppen durch Betriebsvereinbarung geschaffen worden sein.

Ob eine Maßnahme eine Ein- oder eine Umgruppierung ist, kann dem Betriebsrat egal sein, die Arbeitgeberin braucht immer seine Zustimmung. Ein Streit darüber lohnt deshalb nicht.

Ziel der Eingruppierung

Das Ziel des Eingruppierungsvorgangs besteht darin, die innerbetriebliche Lohngerechtigkeit zu verwirklichen. Gleichartige Tätigkeiten sollen auch in gleicher Weise vergütet werden.

Häufig »vergessen« Arbeitgeberinnen das Zustimmungsverfahren, wenn sich die Gehälter bei außertariflichen Angestellten verändern oder Tarifkräfte in den Stand der Außertariflichen gehoben werden. Hier gilt aber dasselbe, wie bei Beschäftigten, deren Tätigkeit durch den Tarifvertrag erfasst wird. Wenn ein betriebliches Entgeltgruppensystem existiert, muss der Betriebsrat auch bei der Eingruppierung in dieses beteiligt werden. Selbst ohne ein solches System ist die Zuordnung zu den AT-Beschäftigten ein mitbestimmungspflichtiger Eingruppierungsvorgang. Die Entscheidung, an der der Betriebsrat zu beteiligen ist, ist die Herausnahme aus dem Tarifgruppensystem. Das Beteiligungsrecht entfällt lediglich bei leitenden Angestellten.

Betriebsrat ist zu beteiligen

Allerdings ist unter diese Vorschrift nicht jede Veränderung der Vergütung im Einzelfall zu fassen. So unterliegt es nicht der Mitbestimmung bei der Eingruppierung, wenn die Arbeitgeberin Beschäftigten eine Erhöhung der Vergütung zukommen lässt, die unabhängig von der Art der ausgeübten Tätigkeit ist. Hierbei kann es sich um eine Leistungszulage handeln oder auch um eine »Nasenprämie«. Für diese bestehen andere Mitbestimmungsrechte, auf die später im Rahmen der erzwingbaren Mitbestimmung zurückzukommen ist. Jedoch handelt es sich im Regelfall nicht um eine Eingruppierungsentscheidung, weil nicht die über Zuordnung der konkret ausgeübten Tätigkeit zu einer Entgeltgruppe entschieden wird.

Vorteil des Zustimmungsverfahrens

Das durchgeführte Zustimmungsverfahren hat für die Beschäftigten den Vorteil, dass sie sich auf dessen Ergebnis berufen und ggf. die entsprechende Vergütung problemlos einklagen können. Sind Betriebsrat und Arbeitgeberin darin übereingekommen, Beschäftigte einer bestimmten Vergütungsgruppe zuzuordnen, müssen diese nicht mehr im Gerichtsverfahren belegen, dass sie tatsächlich Tätigkeiten verrichten, die dieser Vergütungsgruppe entsprechen (BAG v. 3. 5. 1994 – 1 ABR 59/93).

Der Betriebsrat hat hier also eine hohe Verantwortung. Eine voreilige Zustimmung zu einer falschen Vergütungsgruppe macht es den Betroffenen fast unmöglich, das Einkommen durchzusetzen, auf das sie nach dem Tarifvertrag einen Anspruch haben.

3.3 Versetzungen

Was Versetzungen sind, hat das BetrVG selbst definiert. Allerdings findet sich diese Definition nicht in § 99 BetrVG, sondern im 3. Absatz des § 95 BetrVG. Danach ist hierunter

»die Zuweisung eines anderen Arbeitsbereichs, die voraussichtlich die Dauer von einem Monat überschreitet, oder die mit einer erheblichen Änderung der Umstände verbunden ist, unter denen die Arbeit zu leisten ist«,

Definition nach § 95 BetrVG

zu verstehen. Ausgenommen sind allerdings solche Arbeitsverhältnisse, in denen die Veränderung die Regel ist. Damit sind insbesondere Springer oder Beschäftigte im Außendienst gemeint, die sowieso ständig unterwegs sind – gleich ob im Betrieb oder außerhalb.

Wichtig ist zunächst, zu beachten, dass die Versetzung nicht unbedingt immer länger als einen Monat dauern muss. Dies ist ein häufiges Missverständnis. Auch Änderungen mit kürzerer Laufzeit sind Versetzungen, wenn sich die Bedingungen, unter denen die Arbeit zu leisten ist, erheblich verändern.

Unproblematisch sind dabei solche Fälle, bei denen sich der Inhalt der Arbeitsleistung verändert, also wenn eine völlig neue Arbeitsaufgabe übernommen wird oder aber eine Beförderung erfolgt.

In diesem Sinne ist die schwerbehinderte Kollegin, die aus der Poststelle in den Versand wechseln musste, ohne Zweifel versetzt worden. Während sie vorher damit befasst war, Briefe zu öffnen oder zu schließen, zu frankieren und Postausgangsstatistiken zu führen, muss sie nunmehr die vorwiegend schwere körperliche Tätigkeit des Verpackens von Waren verrichten.

Schwierig wird es, wenn sich bei einer Zuweisung anderer Arbeiten die Arbeitsinhalte nicht oder nur zum Teil verändern. Denkbar ist etwa, dass ein kaufmännischer Angestellter, der bislang vorwiegend im Innendienst gearbeitet hat, zusätzlich auch Außendienst machen soll. Sicherlich ist vom Berufsbild des kaufmännischen Angestellten der Außendienst grundsätzlich auch umfasst. Deshalb ist die Maßnahme aber nicht mitbestimmungsfrei. Schließlich unterscheiden sich die Arbeitsbedingungen eines Beschäftigten, der mit seinem eigenen oder einem Auto der Firma beruflich unterwegs ist, von denen eines reinen Büroangestellten. Von daher sind hier die Umstände, unter denen die Arbeit zu leisten ist, im Sinne der Vorschrift verändert worden.

Ob dies auch erheblich ist, bemisst sich wiederum nach dem Umfang der Veränderung. Das Bundesarbeitsgericht hat das bejaht, wenn sich die Tätigkeiten verändern, die einen Umfang von 20 bis 25 % der gesamten Arbeitszeit der zu versetzenden Person ausmachen (BAG v. 2. 4. 1996 – 1 AZR 743/95).

Sichere Versetzungsfälle sind danach:

Versetzungsfälle

- die Zuweisung eines anderen Arbeitsortes,
- der Entzug von Arbeitsaufgaben in erheblichem Umfang (20 bis 30 %),
- die Beförderung,
- die vollständige oder teilweise Veränderung der Arbeitsaufgabe,
- eine Veränderung der Tätigkeit, die zur Zuordnung zu einer anderen Vergütungsgruppe führt.

Nicht zu den Versetzungen gehört nach der Rechtsprechung des Bundesarbeitsgerichts die bloße Veränderung der Arbeitszeit, auch wenn diese im Wechsel einer Schicht besteht. Dennoch unterliegt dieser Vorgang der Mitbestimmung des Betriebsrats, allerdings mit dem sehr viel stärkeren § 87 Abs. 1 Nr. 2 BetrVG (BAG v. 23. 11. 1993 – 1 ABR 38/1993).

Unabhängig davon, ob die Veränderung der Umstände, unter denen die Arbeitsleistung zu erbringen ist, als erheblich anzusehen ist, ist der Versetzungsbegriff immer dann erfüllt, wenn zu Beginn der Maßnahme absehbar ist, dass diese länger als einen Monat dauern wird. Dann muss die Arbeitgeberin immer zunächst die Zustimmung des Betriebsrats einholen.

Das Zustimmungserfordernis ist im Übrigen unabhängig davon, ob die Beschäftigten nach ihrem Arbeitsvertrag verpflichtet sind, die zugewiesene neue Arbeit auszuüben oder nicht. Auch eine Passage in einem Arbeitsvertrag, wonach einer Beschäftigten auch andere zumutbare Tätigkeiten zugewiesen werden dürfen und diese dann weiterhin zur Arbeitsleistung verpflichtet bleibt, ändert nichts an der Mitbestimmung des Betriebsrats.

Dieser bekommt dann zwar häufig das Argument der Arbeitgeberin zu hören, dass die Betroffenen entweder der Weisung sowieso nachkommen müssten oder aber mit dem neuen Arbeitsplatz einverstanden seien. Der Betriebsrat hat aber bei seiner Tätigkeit nicht nur die Interessen des zu Versetzenden im Auge, sondern auch diejenigen der anderen Kollegen. So muss er etwa beurteilen, ob die Versetzung, die Beschäftigungsverhältnisse anderer gefährdet oder andere Beschäftigte benachteiligt.

Nur in einem Fall ist die Zustimmung des Betriebsrats tatsächlich überflüssig, weil der Arbeitnehmer seiner Versetzung zugestimmt hat: Wenn sie von dem einen in einen anderen Betrieb erfolgt. Hierzu bedarf es keiner Zustimmung des Betriebsrats mehr, der in dem abgebenden Betrieb tätig ist. Etwas anderes gilt aber für den Betriebsrat, den die Beschäftigten in dem aufnehmenden Betrieb gewählt haben: Dessen Einverständnis zu dieser – aus seiner Perspektive – Einstellung braucht die Arbeitgeberin selbstverständlich weiterhin.

3.4 Streit um personelle Einzelmaßnahmen

Zustimmung ist immer erforderlich

Gleich, worum es sich handelt, die Wirksamkeit einer Versetzung, Einstellung oder Eingruppierung für die einzelnen Beschäftigten hängt von der erteilten Zustimmung ab. Auch dann, wenn die einzelnen Personen sich mit ihrer Versetzung einverstanden erklären, ist diese rechtlich unverbindlich, wenn der Betriebsrat nicht vorher zugestimmt hat.

Unverbindlichkeit bedeutet hier, dass die Arbeitgeberin verpflichtet ist, die Versetzung – ggf. nach Durchführung eines vom Betriebsrat angestrengten Gerichtsverfahrens – rückgängig zu machen. Ist auf dem Arbeitsplatz, auf den die rechtswidrige Versetzung erfolgte, nur ein geringeres Einkommen zu erzielen, weil hier Prämien oder Akkordsätze niedriger sind, kann die Nachzahlung dieses Differenzbetrags verlangt und durchgesetzt werden, wenn die Zustimmung des Betriebsrats fehlte. Die juristische Unwirksamkeit führt also zu erheblichen praktischen Konsequenzen.

In unserem Betrieb hat die Arbeitgeberin den Betriebsrat bei der Versetzung der schwerbehinderten Kollegin nicht beteiligt. Anders verhält es sich bei den Monteuren: Hier liegt ein Antrag auf Erteilung der Zustimmung zu deren Einstellung vor.

Angemessene Reaktion des Betriebsrats

Beide Situationen kommen in der Praxis häufig vor. Die angemessene Reaktion des Betriebsrats richtet sich danach, ob es darum geht, die Wahrung seiner Mitbestimmungsrechte durchzusetzen, weil die Arbeitgeberin ihn nicht beteiligt hat, oder ob sie das vom Gesetz vorgesehene Mitbestimmungsverfahren durchläuft und dort keine Einigkeit erzielt wird.

Hat die Arbeitgeberin die Mitbestimmungsrechte missachtet, wird es dem Betriebsrat vor allem darum gehen, die mitbestimmungswidrig durchgeführte Maßnahme rückgängig zu machen. Hier hieße das, die schwerbehinderte Kollegin an ihren alten Arbeitsplatz zurückzubringen. Nun verbietet das BetrVG in

§ 77 Abs. 1 dem Betriebsrat, selbst die Initiative zu ergreifen und die Kollegin zurückzuschicken. Das wäre ein Eingriff in die Betriebsleitung.

Stattdessen muss ein Arbeitsgericht bemüht werden. Dort wird der Betriebsrat versuchen, eine Entscheidung zu bekommen, aus der sich ergibt, dass die Arbeitgeberin verpflichtet ist, die Versetzung rückgängig zu machen. Dieses Verfahren ist in § 101 BetrVG beschrieben. Das Druckmittel, mit dem der Betriebsrat in dieser Situation arbeiten kann, ist eine gerichtliche Zwangsgeldandrohung für die Arbeitgeberin, falls sie trotz einer gerichtlichen Entscheidung die Versetzung aufrechterhält.

Ausgesprochen problematisch ist es, hierfür eine einstweilige Verfügung (eine schnellere gerichtliche Entscheidung) zu bekommen. Die Arbeitsgerichte stellen sich auf den Standpunkt, es sei dem Betriebsrat zuzumuten, den viele Monate dauernden Ausgang des Verfahrens im normalen Ablauf abzuwarten. Allerdings heißt dies nicht, dass eine einstweilige Verfügung völlig ausgeschlossen wäre. Wenn, wie hier, Gefahr im Verzug ist, weil die schwerbehinderte Kollegin einer besonderen gesundheitlichen Belastung ausgesetzt ist, dürfte auch diese Möglichkeit bestehen. Ansonsten ist diese Form des Rechtsschutzes dann möglich, wenn bereits gerichtlich festgestellt wurde, dass eine personelle Maßnahme unter Verstoß gegen die Mitbestimmung gem. § 99 BetrVG ergriffen wurde und die Arbeitgeberin gleichwohl daran festhält (BAG v. 23. 6. 2009 – 1 ABR 23/08).

Eine gewisse Modifikation des Verfahrens ergibt sich, wenn die Arbeitgeberin geltend macht, es handele sich um eine vorläufige personelle Maßnahme, die auch ohne vorherige Zustimmung des Betriebsrats durchgeführt werden kann. § 100 BetrVG eröffnet diese Möglichkeit. Hier kommt es dann vor allem darauf an, schnell zu reagieren und unverzüglich zu bestreiten, dass ein derartiges Erfordernis aus sachlichen Gründen tatsächlich besteht. Danach landet das Thema wieder beim Gericht.

3.5 Verweigerung der Zustimmung

Anders sieht es aus, wenn die Arbeitgeberin sich wie bei ihrer Bitte um Zustimmung zur Einstellung der Monteure an seine Verpflichtung nach dem Gesetz hält und den Betriebsrat ordnungsgemäß um Zustimmung bittet. Die erste Hürde, an der viele Gremien scheitern, die die Zustimmung zu der Maßnahme verweigern wollen, ist die Rechtzeitigkeit der Reaktion. Gem. § 99 Abs. 3 BetrVG muss die Verweigerung der Zustimmung innerhalb einer Woche nach Unterrichtung über die Maßnahme erklärt sein und außerdem schriftlich erfolgen. Während also die Arbeitgeberin durchaus der Betriebsratsvorsitzenden auf dem Flur beiläufig mitteilen kann, dass sie eine bestimmte personelle Maßnahme beabsichtigt, muss der Betriebsrat sich immer an Form und Frist bei der Zustimmungsverweigerung halten. Andernfalls gilt die Zustimmung als erteilt. Schweigen ist hier also nicht Gold, sondern Mist.

Allerdings ist es mit der bloßen Mitteilung, die Zustimmung werde verweigert, auch noch nicht getan. Vielmehr verlangt § 99 Abs. 2 BetrVG, dass einer der dort genannten Gründe für die Zustimmungsverweigerung angeführt wird. Diese Gründe ähneln denjenigen, die für den Widerspruch gegen eine Kündigung vorgesehen sind. Im Einzelnen sind es folgende:

3.5.1. Rechtsverstoß

Der erste Zustimmungsverweigerungsgrund ist, dass eine Maßnahme gegen ein Gesetz, eine Verordnung, eine Unfallverhütungsvorschrift oder gegen eine Bestimmung in einem Tarifvertrag oder in einer Betriebsvereinbarung oder gegen eine gerichtliche Entscheidung oder behördliche Anordnung verstößt (§ 99 Abs. 2 Nr. 1 BetrVG).

Etwas verständlicher lässt sich diese Vorschrift so fassen:

Existiert eine für die Arbeitgeberin verbindliche Regelung, die die personelle Maßnahme verbietet, darf der Betriebsrat auch die Zustimmung verweigern. Berücksichtigt werden dabei alle Vorschriften und Festlegungen mit Ausnahme des Arbeitsvertrags. Dessen Einhaltung soll der Betriebsrat gerade nicht überwachen. Ob sich aus der Regelung, auf die der Betriebsrat sich beruft, tatsächlich ein Verbot der Maßnahme ergibt, müssen am Ende die Gerichte entscheiden und nicht vorher die Arbeitgeberin oder deren Anwältinnen.

Zustimmungsverweigerungsgrund bei Ein- und Umgruppierungen

Dieser Zustimmungsverweigerungsgrund spielt vor allem eine Rolle bei Ein- und Umgruppierungen, wenn Betriebsrat und Arbeitgeberin unterschiedlicher Ansicht über die richtige Eingruppierung sind. Dann wird der Betriebsrat seine Begründung hierauf stützen.

Aber auch Einstellungen und Versetzungen können in wenigen Fällen gegen Vorschriften verstoßen. Die müssen dann aber genau die Maßnahme selbst verbieten.

Bei der Einstellung der beiden Monteure müsste also eine Vorschrift gesucht werden, die gerade deren Eingliederung in den Betrieb für unzulässig erklärt.

So etwas kommt ausgesprochen selten vor. Ein Beispiel findet sich in § 5 Jugendarbeitsschutzgesetz. Danach ist die Beschäftigung von Personen unter 14 Jahren auf einem Arbeitsplatz wie dem eines Monteurs verboten. Das Beispiel mag weit hergeholt sein, ist es aber vor allem deshalb, weil es kaum Regelwerke gibt, die wirklich die Beschäftigung bestimmter Personen verhindern sollen. Gesetze, Unfallverhütungsvorschriften oder Tarifverträge legen Bedingungen fest, die im Rahmen des Arbeitsverhältnisses einzuhalten sind, wollen aber keine Verbote gegen die Beschäftigung von Arbeitssuchenden errichten. Darüber hinaus lässt das Bundesarbeitsgericht die Zustimmungsverweigerung mit dieser Begründung aber auch dann zu, wenn nur auf diese Weise der Gesetzeszweck, der mit dem Verbot beabsichtigt ist, zu erreichen ist. Wenn etwa die Arbeitgeberin bei der Einstellung ihrer gesetzlichen Pflicht aus § 164 SGB IX nicht nachkommt, zu überprüfen, ob auch schwerbehinderte Bewerber für die Stelle in Frage kommen, kann der Betriebsrat die Verweigerung der Zustimmung auf genau diesen Verstoß stützen (BAG v. 23. 6. 2010 – 1 ABR 3/09).

Der Verstoß gegen Bestimmungen wie etwa eine Arbeitszeit- oder Vergütungsregelung löst aber gerade kein Verbot einer Beschäftigung aus. Betriebsräte können also die Zustimmungsverweigerung nicht auf das Argument stützen, die tariflichen Rechte seien durch den Arbeitsvertrag außer Kraft gesetzt und die Maßnahme verstoße daher gegen den Tarifvertrag. Nicht die Einstellung, sondern die spätere Ausgestaltung des Arbeitsverhältnisses verstößt gegen den Tarifvertrag. Hier ist es allemal besser, wenn die Beschäftigten zunächst in den Betrieb hineingelassen werden und sich dann dort ihre Rechte erkämpfen können, statt ihnen den Zugang zum Betrieb zu verbauen, weil die Arbeitgeberin sie nicht tarifgemäß bezahlen will. Dies wäre eine doppelte Benachteiligung.

3.5.2. Missachtung einer Auswahlrichtlinie

Der Betriebsrat kann die Zustimmung weiterhin verweigern, wenn die Maßnahme gegen eine Auswahlrichtlinie verstößt (§ 99 Abs. 2 Nr. 2 BetrVG).

... bei Verstößen gegen Auswahlrichtlinien

Auswahlrichtlinien werden auf betrieblicher Ebene – zumeist – durch Betriebsvereinbarung geschaffen. Hierzu gehören etwa Regelungen über

- die bevorzugte Einstellung von Frauen, sofern diese im entsprechenden Berufsbild unterrepräsentiert sind und die gleiche Qualifikation wie ihre männlichen Mitbewerber haben oder
- die bevorzugte Berücksichtigung Betriebsangehöriger bei der Besetzung von offenen Stellen gegenüber externen Bewerbern oder
- die Anforderungen an Bewerber hinsichtlich fachlicher, persönlicher und sozialer Kriterien.

Existiert eine derartige Übereinkunft, ist die Arbeitgeberin hieran gebunden. Hätte also unser Betriebsrat mit ihr vereinbart, dass freie Monteurstellen zunächst mit qualifizierten betriebsangehörigen Bewerbern zu besetzen sind, könnte er unter Verweis auf § 99 Abs. 1 Nr. 2 BetrVG die Zustimmung zur personellen Maßnahme verweigern, wenn es Interessierte im eigenen Betrieb für die Jobs gibt.

3.5.3. Benachteiligung anderer Beschäftigter

Der dritte Zustimmungsverweigerungsgrund ist

»die durch Tatsachen begründete Besorgnis, dass infolge der personellen Maßnahme im Betrieb beschäftigte Arbeitnehmer gekündigt werden oder sonstige Nachteile erleiden, ohne dass dies aus betrieblichen oder persönlichen Gründen gerechtfertigt ist. Als Nachteil gilt bei unbefristeter Einstellung auch die Nichtberücksichtigung eines gleich geeigneten befristet Beschäftigten« (§ 99 Abs. 2 Nr. 3 BetrVG).

... bei Nachteilen für im Betrieb beschäftigte Arbeitnehmer

Dieses Argument wird in vielen Fällen von den Betriebsräten zielsicher angesteuert. Insbesondere wenn es um Beförderungen geht, halten sie der Arbeitgeberin vor, diejenigen Personen, die die Beförderungsstelle nicht bekommen haben, seien durch die Maßnahme benachteiligt. Dies ist jedoch gerade nicht der Fall. Nach der Rechtsprechung ist mit »Nachteilen« nicht die entgangene Aussicht auf eine Besserstellung, sondern nur eine konkrete Schlechterstellung gemeint. Bleibt für andere Bewerber hinterher alles beim Alten, entsteht also auch kein Nachteil. Eine solche Gefahr der Schlechterstellung in unserem Fall wäre es, wenn laut Personalplanung der Arbeitgeberin lediglich vier Monteure benötigt würden und alle diese Stellen besetzt wären. Dann könnte die Einstellung zweier neuer Monteure zu einer Verdrängung derjenigen führen, die derzeit diese Arbeitsplätze innehaben. Diese Gefahr besteht zumindest so lange, wie die Arbeitgeberin nicht eine Ausweitung des entsprechenden Personalbedarfs mitgeteilt hat.

3.5.4. Benachteiligung des Betroffenen

Eine weitere Möglichkeit, die Zustimmung zu verweigern, besteht, wenn der Betriebsrat der Ansicht ist, dass die Maßnahme eine Benachteiligung der von ihr betroffenen Personen darstellt, *»ohne dass dies aus betrieblichen oder in der Person des Arbeitnehmers liegenden Gründen gerechtfertigt ist«* (§ 99 Abs. 2 Nr. 4 BetrVG).

... bei Nachteilen für den Betroffenen

Solange es sich um eine Einstellung handelt, können die Personen, die davon betroffen sind, hierdurch keine Nachteile erleiden. Insbesondere ist es kein in der Einstellung liegender Nachteil, wenn die Arbeitsbedingungen untertariflich vereinbart werden.

Dieser Zustimmungsverweigerungsgrund kommt beispielsweise dann zum Zuge, wenn ein Beschäftigter ohne sachlichen Grund auf eine niedriger dotierte Stelle versetzt werden soll. Eine solche Strafversetzung ist nicht zulässig. Der Betriebsrat kann hier also die Benachteiligung der Person als Grund für die Zustimmungsverweigerung anführen.

3.5.5. Unterlassene Ausschreibung

Nicht nur der Verstoß gegen eine Richtlinie bei der Auswahl der Personen ist ein Zustimmungsverweigerungsgrund, sondern auch die nicht erfolgte Ausschreibung für eine freie Stelle im Betrieb, wenn dies vom Betriebsrat verlangt wurde (§ 99 Abs. 2 Nr. 5 BetrVG).

Die Arbeitgeberin ist gem. § 93 BetrVG verpflichtet, alle offenen Stellen innerbetrieblich auszuschreiben, aber nur, wenn der Betriebsrat dies von ihr verlangt hat. Wenn diese Ausschreibung dann bei den Monteurstellen unterblieben ist, kommt es nicht darauf an, ob sich überhaupt andere Beschäftigte aus dem Betrieb für diese Position interessiert hätten. Allein der Umstand, dass die Ausschreibung unterblieben ist, wäre ein Grund zur Verweigerung der Zustimmung.

3.5.6. Störendes Verhalten

Schließlich gibt es als sechsten Grund der Ablehnung einer personellen Maßnahme noch die Besorgnis,

»dass der (...) in Aussicht genommene Bewerber oder Arbeitnehmer den Betriebsfrieden durch gesetzwidriges Verhalten oder durch grobe Verletzung der in § 75 Abs. 1 BetrVG enthaltenen Grundsätze stören werden« (§ 99 Abs. 2 Nr. 6 BetrVG).

Diese Besorgnis muss allerdings durch Tatsachen begründet sein. Damit soll vermieden werden, dass bloße Ressentiments den Ausschlag geben.

Auch hier handelt es sich um einen Zustimmungsverweigerungsgrund, der nur in den seltensten Fällen vorliegt. Zu denken ist etwa an die Versetzung eines als Rassisten bekannten Vorgesetzten in eine Abteilung, in der hauptsächlich ausländische Beschäftigte tätig sind, oder eines schon des Öfteren durch sexistisches Verhalten aufgefallen Mannes, der zum Vorgesetzten einer vorwiegend aus Frauen bestehenden Gruppe befördert werden soll.

3.6 Die Durchsetzung

Will der Betriebsrat die Zustimmung verweigern, so muss er neben der Einhaltung von Form und Frist auf zwei Dinge achten:

Voraussetzungen für die Zustimmungsverweigerung

- Die schriftliche Stellungnahme muss denjenigen Zustimmungsverweigerungsgrund, auf den er sich beziehen will, genau benennen. Dabei reicht es nicht aus, lediglich den Wortlaut des § 99 Abs. 2 BetrVG zu wiederholen, vielmehr muss der Sachverhalt kurz dargestellt werden, aus dem sich der Grund ergibt und
- es darf nicht völlig ausgeschlossen sein, dass dieser Grund auch tatsächlich vorliegt.

Ziel des Betriebsrats in einer solchen Situation wird es sein, die Arbeitgeberin zunächst daran zu hindern, ihr Vorhaben in die Tat umzusetzen. Um diese Folge zu erzielen, ist vor allem ein formell sauberes Vorgehen wichtig. Im Vordergrund steht nicht so sehr die Frage danach, ob die vorgebrachten Gründe letztendlich auch arbeitsgerichtlich bestätigt werden. Die Arbeitgeberin darf die Maßnahme bereits dann nicht umsetzen, wenn der Betriebsrat nur in förmlicher Hinsicht den Anforderungen des § 99 BetrVG genügt. Hat er den Zustimmungsverweigerungsgrund, auf den er sich berufen will, benannt und begründet, warum dieser vorliegt, ist die Arbeitgeberin an der Umsetzung rechtlich gehindert. Sie kann sich dann allenfalls noch auf eine besondere Dringlichkeit berufen, die ihr gem. § 100 BetrVG das Recht gibt, auch ohne Zustimmung des Betriebsrats tätig zu werden. Bestreitet der Betriebsrat allerdings diese Dringlichkeit, muss die Arbeitgeberin sofort zum Arbeitsgericht, um sich die Maßnahme dort genehmigen zu lassen.

Ersetzung der Zustimmung

Ob der Betriebsrat mit seiner Begründung auch tatsächlich Recht hat, ob also etwa das gesetzliche Verbot der Einstellung wirklich besteht, spielt für die Frage, ob die Arbeitgeberin tätig werden darf, zunächst keine Rolle. Hierüber muss später ein Arbeitsgericht befinden. Kommt es zu dem Ergebnis, dass der Zustimmungsverweigerungsgrund nicht vorlag, ersetzt es die Zustimmung des Betriebsrats. Da ein solches Verfahren allerdings in aller Regel zumindest mehrere Monate dauert, steht die Arbeitgeberin hier erheblich unter Druck, sich doch noch mit dem Betriebsrat auf ein Verfahren zu einigen, wie mit der Situation umgegangen werden soll. Häufig kommt es dann zu regelrechten »Tauschgeschäften«, bei denen die Arbeitgeberin Wünsche des Betriebsrats erfüllt, die nichts mit dem konkreten Vorgang zu tun haben, um das Verfahren schnell zu beenden.

Vor allem diesem Umstand ist es zu verdanken, dass in der Praxis das Mitbestimmungsrecht nach § 99 BetrVG – wenn es denn richtig wahrgenommen wird – die Verhandlungsposition des Betriebsrats erheblich erweitert. Die Arbeitgeberin ist auf den Betriebsrat angewiesen, wenn sie reibungslos ihre personellen Vorstellungen umsetzen will. Damit handelt es sich hier um ein wirksames Mitbestimmungsrecht, das zudem noch in der Praxis deshalb eine große Bedeutung hat, weil diese Maßnahmen ständig im Betrieb vorkommen. Hier lohnt es sich also, sauber zu arbeiten. (Weitergehende Informationen zu diesem Thema finden sich in der Böttcher/Nielebock, »Die Rechte des BR bei personellen Einzelmaßnahmen« / IG Metall-Handlungshilfe Nr. 12.)

Zu beachten ist auch, dass ausschließlich das Arbeitsgericht, nicht aber die Einigungsstelle für die Entscheidung von Streitigkeiten über dieses Thema zuständig ist. Die Anrufung erfolgt durch den Betriebsrat, wenn die Arbeitgeberin ihn entweder überhaupt nicht beteiligt hat oder trotz verweigerter Zustimmung sein Vorhaben umsetzt. Der Betriebsrat wird dann vom Arbeitsgericht eine Entscheidung haben wollen, die der Arbeitgeberin genau dies untersagt.

Arbeitgeberin muss handeln

Die Arbeitgeberin muss hingegen das Arbeitsgericht anrufen, wenn der Betriebsrat form- und fristgerecht die Zustimmung zu einer personellen Einzelmaßnahme verweigert hat und sie sich rechtmäßig verhalten will. In diesem Fall benötigt sie eine arbeitsgerichtliche Entscheidung, die die fehlende Zustimmung des Betriebsrats ersetzt.

Bei der Einstellung der Monteure könnte die Verweigerung z. B. so aussehen:

Muster für eine Zustimmungsverweigerung:

Der Betriebsrat verweigert die Zustimmung zur Einstellung der beiden Monteure gem. § 99 Abs. 2 Nr. 3 und Nr. 5 BetrVG.

Die Personalplanung in unserem Betrieb weist lediglich vier Stellen für Monteure aus. Alle vier Stellen sind besetzt. Daher besteht die Gefahr, dass durch die jetzige Einstellung zweier weiterer Monteure die Arbeitsverhältnisse von zwei Kollegen gefährdet werden.
Im Übrigen hat der Betriebsrat die Arbeitgeberin aufgefordert, alle offenen Stellen zunächst innerbetrieblich auszuschreiben. Dies ist im Falle der beiden Monteurstellen nicht erfolgt.

Unterschrift

Bezüglich der schwerbehinderten Kollegin dagegen nützt dies nichts mehr. Hier wurde bereits gegen die Mitbestimmungsrechte des Betriebsrats verstoßen. Er sollte daher der Arbeitgeberin allenfalls noch eine kurze Frist setzen, innerhalb derer die Arbeitnehmerin auf ihren richtigen Arbeitsplatz zurückkehren kann. Passiert das nicht, bleibt dem Betriebsrat nur der Gang zum Arbeitsgericht mit dem Ziel, die Arbeitgeberin zu zwingen, die Versetzung rückgängig zu machen. Da die Kollegin schon auf dem anderen Arbeitsplatz eingesetzt ist, empfiehlt sich zusätzlich ein Antrag auf Erlass einer einstweiligen Verfügung, um sie noch vor Durchführung eines möglicherweise langwierigen Rechtsstreits von dem sie belastenden Arbeitsplatz zurückzuholen.

4. Erzwingbare Mitbestimmungsrechte

Betriebsrat kann Initiative ergreifen

Auf der obersten Stufe unserer Mitbestimmungsskala befinden sich die erzwingbaren Mitbestimmungsrechte. Ihre Besonderheit besteht darin, dass der Betriebsrat hier nicht nur auf die Anliegen der Arbeitgeberin reagieren, sondern auch selbst agieren kann. Ein Vorschlag in einer Mitbestimmungsangelegenheit ist im besten Fall auch durchsetzbar.

Dabei muss allerdings vor Illusionen gewarnt werden: Erzwingbar ist nur das Mitbestimmungsverfahren, nicht aber das Ergebnis.

Der Betriebsrat, der es für richtig hält, als Alternative zu Entlassungen Kurzarbeit durchzusetzen, kann, wenn er sich nicht mit der Arbeitgeberin hierüber einigt, eine Entscheidung durch die Einigungsstelle herbeiführen. Die Einigungsstelle ist dann befugt, eine Regelung für den Betrieb in Kraft zu setzen. Ob die sich allerdings für Kurzarbeit oder dagegen ausspricht, steht nicht von Vornherein fest. Da der Betriebsrat jedoch über seine Beisitzer an der Entscheidungsfindung beteiligt ist, kann er zumindest argumentativ darauf hinwirken, dass sein Vorschlag umgesetzt wird. Nur: Eine Garantie für das Ergebnis in der Einigungsstelle gibt es nicht.

Die erzwingbaren Mitbestimmungsrechte unterscheiden sich hinsichtlich der Möglichkeiten des Betriebsrats, Initiativen zu ergreifen, auch untereinander in einem wichtigen Punkt: Häufig ist es zunächst die Arbeitgeberin, die Vorgaben machen muss, etwa in Form einer freiwilligen Lohnzulage. Nur in diesem Rahmen bestehen dann die Mitbestimmungsrechte. Der Betriebsrat kann trotz seines Mitbestimmungsrechts nicht erreichen, dass es eine solche Zahlung überhaupt geben soll. Dies gilt es, bei der nachfolgenden Darstellung jeweils zu beachten.

Wie schon weiter vorne erwähnt, stehen die wichtigsten erzwingbaren Mitbestimmungsrechte in § 87 Abs. 1 BetrVG. Dort finden sich jedoch keineswegs alle. Insbesondere im Bereich der Berufsbildung hat der Betriebsrat sehr weitgehende Möglichkeiten, die Entscheidungen der Arbeitgeberin darüber zu beeinflussen, wer an welchen Qualifizierungen teilnimmt und – bei betrieblicher Berufsbildung – was deren Inhalte sein sollen. Diese Rechte finden sich in den §§ 97 und 98 BetrVG. Gem. § 97 Abs. 2 BetrVG lassen sich bei Änderungen der Arbeitsinhalte solche Qualifizierungsmaßnahmen auch gegen den Willen der Arbeitgeberin durchsetzen.

§ 87 BetrVG enthält zu folgenden Sachverhalten Mitbestimmungsrechte, die allerdings alle unter dem Vorbehalt stehen, dass die Angelegenheit für den Betrieb nicht bereits verbindlich durch Tarifvertrag oder Gesetz geregelt ist. Hierzu kommen wir später.

4.1 Fragen der Ordnung des Betriebs und des Verhaltens der Arbeitnehmer im Betrieb (§ 87 Abs. 1 Nr. 1 BetrVG)

Mitbestimmungsrecht einschlägig

Damit sind etwa Anordnungen der Arbeitgeberin zur Taschenkontrolle am Betriebstor oder zur Bedienung einer Zeiterfassungsanlage der Mitbestimmung unterworfen. Das Mitbestimmungsrecht kommt immer dann zum Zuge, wenn es um Verhaltensweisen geht, die außerhalb der vertraglich geschuldeten Arbeitsaufgabe liegen. Am Beispiel eines Kellners wird deutlich, was damit gemeint ist:

Ob dieser beim Servieren einen, zwei oder mehr Teller auf einmal trägt und diese grundsätzlich von rechts anreicht, betrifft die eigentliche Arbeitsleistung, nämlich die Bedienung von Kunden. Ob er dagegen im feinen Zwirn oder in lässigen Jeans auftritt, hat nichts mit dieser vertraglichen Hauptpflicht zu tun. Dies ist ein sogenanntes Ordnungsverhalten. Will die Arbeitgeberin hierfür verbindliche Vorgaben machen, hat der Betriebsrat bei deren Inhalten ein Mitbestimmungsrecht.

In Fragen der betrieblichen Ordnung besteht auch ein vollständig erzwingbares Mitbestimmungsrecht. Der Betriebsrat kann also selbst die Initiative für eine spezielle Betriebstracht(-uniform) ergreifen und diese auch durchsetzen, wenn er die Einigungsstelle überzeugt. Er ist nicht nur darauf angewiesen, die Überlegungen der Arbeitgeberin auszugestalten. Sicherlich bedeutsamer in der Praxis sind Anordnungen wie etwa die Bedienung einer Stempeluhr oder die Duldung einer Taschenkontrolle am Werkstor. Ohne vorherige Mitbestimmung des Betriebsrats ist kein Mitarbeiter verpflichtet, sich solchen Weisungen zu fügen.

4.2 Regelungen über Beginn und Ende der täglichen Arbeitszeit, der Lage der Pausen und der Verteilung der Arbeitszeit auf die einzelnen Wochentage und die vorübergehende Verkürzung oder Verlängerung der betriebsüblichen Arbeitszeit (§ 87 Abs. 1 Nrn. 2, 3 BetrVG)

Der Gesetzgeber hat aus der Mitbestimmung bei der Gestaltung der Arbeitszeit zwei Vorschriften in § 87 Abs. 1 Nr. 2 und 3 BetrVG gemacht. Angesichts des Zusammenhangs der Arbeitszeitthemen ist es für Betriebsräte weniger bedeutsam, wo genau die feinen Unterschiede zwischen vorübergehender Verkürzung oder Verlängerung und Verteilung der Arbeitszeit auf die einzelnen Wochentage liegen. In der Praxis gehen beide Mitbestimmungsrechte ineinander über. Diskussionen mit der Arbeitgeberin, ob die konkrete Maßnahme die Mitbestimmung nach dem einen oder anderen Teil des Paragrafen auslöst, sind müßig, weil beides zum selben Ergebnis führt. Meistens handelt es sich um reine Ablenkungsmanöver.

Praktisch alle Entscheidungen über die Arbeitszeit unterliegen damit der erzwingbaren Mitbestimmung, allerdings mit einer wesentlichen Ausnahme: Keine Mitbestimmung gibt es bei der Festlegung der individuellen Regelarbeitszeit, also der Zeitspanne pro Woche, Monat oder Jahr, die als Gegenleistung für die Vergütung zu arbeiten ist. Diese wird in der Regel durch Tarif- oder Einzelarbeitsvertrag festgelegt und kann im Rahmen des Mitbestimmungsverfahrens nicht verändert werden.

Der Mitbestimmung zugrunde liegende Themen

Der Mitbestimmung unterliegen allerdings solche Themen wie
- ungleichmäßige Verteilung der Arbeitszeit auf die Wochentage oder sogar Wochen;
- Einführung und Ausgestaltung von Schichtsystemen;
- Einführung von Freischichten zur Arbeitszeitverkürzung, wenn diese tarifvertraglich vorgesehen sind;
- Lage und Aufteilung von Pausen;
- Einbeziehung des Samstags in die Arbeitswoche;
- Einführung und Abschaffung von Gleitzeit;
- Einführung und Abschaffung von Kurzarbeit sowie
- Anordnung von Überstunden bzw. Mehrarbeit, wenn dadurch die übliche Arbeitszeit verlängert wird.

Da sich das Mitbestimmungsrecht aus § 87 BetrVG ergibt, ist das auch in allen Bereichen erzwingbar. Das bedeutet: Die Arbeitgeberin kann sich den Initiativen des Betriebsrats nicht entziehen. Scheitern solche Verhandlungen, entscheidet die Einigungsstelle über die Anliegen des Betriebsrats oder der Arbeitgeberin.

4.3 Zeit, Ort und Auszahlung der Arbeitsentgelte (§ 87 Abs. 1 Nr. 4 BetrVG)

Dieses Mitbestimmungsrecht führt inzwischen eher ein Schattendasein. Hochkonjunktur hatte es, als die Umstellung von der Barzahlung auf die Überweisung der Vergütung auf Girokonten erfolgte. Seinerzeit wurden mit diesem Mitbestimmungsrecht Regelungen zur Einführung einer Freistunde durchgesetzt, um das Geld vom Girokonto abzuholen. Häufig wurden auch Arbeitgeberinnen zur anteiligen Erstattung der Kontoführungsgebühren verpflichtet, da nun alle auf dessen Veranlassung ein Girokonto einzurichten hatte. Derartige Kontostunden und Gebührenerstattungen sind inzwischen jedoch weitestgehend von der Bildfläche verschwunden. Ob sie wegen der geänderten Gebührenkataloge der Banken wieder auftauchen, wird sich zeigen.

Von Interesse ist die Vorschrift allerdings noch hinsichtlich der Frage, an welchem Tag die Überweisung erfolgen soll. In vielen Betrieben kommen Löhne so spät, dass sie fast schon als zinsloser Kredit für die Arbeitgeberin anzusehen sind. Auch hier kann der Betriebsrat die Initiative ergreifen und sich mit seiner Forderung nach einer früheren Auszahlung gegen die Arbeitgeberin behaupten – wenn die Einigungsstelle mitmacht.

4.4 Aufstellung allgemeiner Urlaubsgrundsätze und des Urlaubsplanes und im Streitfall die Festlegung der zeitlichen Lage des Urlaubs für einzelne Beschäftigte (§ 87 Abs. 1 Nr. 5 BetrVG)

Eigentlich sollen die Mitbestimmungsrechte nur organisatorische Angelegenheiten regeln, nicht aber die Ansprüche einzelner Beschäftigter. Das ist bei diesem Mitbestimmungsrecht anders: Hier kann das Mitbestimmungsverfahren sogar zur Entscheidung über einen Streit zwischen Arbeitgeberin und Beschäftigten eingesetzt werden, wenn die sich nicht darüber einigen können, wann der Jahresurlaub – oder ein Teil davon – genommen wird.

Im Übrigen ist es bezogen auf Sachverhalte wie:

- Betriebsferien,
- Verfahren zur Anmeldung und Bewilligung des Urlaubs sowie
- Verbindlichkeit von Urlaubsplänen.

Mit Urlaub nach dieser Vorschrift ist sowohl der Erholungsurlaub nach Gesetz, Arbeitsvertrag oder Tarifvertrag gemeint, als auch Sonderformen des Urlaubs wie etwa Freistellung für Bildungsmaßnahmen oder der Zusatzurlaub für Schwerbehinderte. Auch die Freistellung zum Ausgleich für Mehrarbeit kann auf diese Weise – zusätzlich zum Mitbestimmungsrecht nach § 87 Abs. 1 Nr. 2 BetrVG – Gegenstand des Mitbestimmungsverfahrens werden.

Eigentlich gilt das Mitbestimmungsrecht auch für die Einräumung von Bildungsurlaub nach den Bildungsurlaubsgesetzen der Länder. Allerdings sind diese in ihrem Verfahren so weitgehend durchstrukturiert, dass hier kein Raum mehr für eine betriebliche Regelung bleibt. Deshalb spielt das Mitbestimmungsrecht beim gesetzlichen Bildungsurlaub praktisch keine Rolle.

Existiert in einem Unternehmen kein Urlaubsplan oder wird hiervon laufend abgewichen, kann der Betriebsrat das Mitbestimmungsrecht nutzen, um Klarheit über dessen Verbindlichkeit zu schaffen. Es ist also sowohl hinsichtlich der Einführung des Urlaubsplans als auch dessen Ausgestaltung vollständig durchsetzbar.

4.5 Die Einführung und Anwendung von technischen Einrichtungen, die dazu bestimmt sind, Verhalten und Leistung der Beschäftigten zu überwachen (§ 87 Abs. 1 Nr. 6 BetrVG)

Dieses Mitbestimmungsrecht erfasst den gesamten Bereich der offenen und auch verdeckten Überwachungsmöglichkeiten, soweit für sie ein technisches Gerät eingesetzt wird. Dieser besondere Aspekt muss immer gegeben sein: Erfassung und/oder Auswertung der Erkenntnisse erfolgen unter Einsatz technischer Gerätschaften.

Ohne Weiteres trifft dies für Überwachungskameras, Zeiterfassungsgeräte oder Zählwerke zu, die den Produktionsausstoß und damit die Leistung der Beschäftigten messen.

Bei der technischen Überwachung ist alles mitbestimmungspflichtig

Während im ersten Mitbestimmungstatbestand (Ordnungsverhalten) noch eine strikte Trennung zwischen dem eigentlichen – mitbestimmungsfreien – Leistungsverhalten und dem – mitbestimmungspflichtigen – Ordnungsverhalten existierte, gilt diese Grenze für den Bereich der technischen Überwachung nicht: Hier ist die Installation aller Überwachungseinrichtungen, egal, ob sie die Produktivität oder aber das Ordnungsverhalten betreffen, gleichermaßen mitbestimmungspflichtig.

Dem Mitbestimmungsrecht unterfällt neben dem Vorgang der Sammlung von entsprechenden Daten auch deren Verarbeitung. Werden also etwa die Leistungsdaten per Hand aufgenommen und später mittels Computerprogramm ausgewertet, so ist auch hierin eine technische Überwachungseinrichtung zu sehen.

Das Mitbestimmungsrecht in § 87 Abs. 1 Nr. 6 BetrVG ist wegen der weitgehenden Digitalisierung der Betriebe von erheblicher Bedeutung. Praktisch überall dort, wo – auch im Hintergrund – eine elektronische Datenverarbeitung mitläuft, kommt das Mitbestimmungsrecht zum Zuge. So ist etwa jede Fernsprechanlage ohne Weiteres in der Lage, Daten während des Telefonierens aufzuzeichnen. Da die Telefonierenden die Beschäftigten sind, wird dabei tatsächlich deren Tätigkeit überwacht. Damit ist die Telefonanlage eine technische Überwachungseinrichtung, auch dann, wenn die Arbeitgeberin sich auf den Standpunkt stellt, sie wolle diese Überwachungsfunktion überhaupt nicht einsetzen. Nach der Rechtsprechung ist es ausreichend, dass ein Gerät die Möglichkeit in sich birgt, als Überwachungseinrichtung eingesetzt zu werden (BAG v. 27. 12. 2001 – 1 ABR 7/03). Diese Voraussetzung erfüllt heute jedes Programm, sodass selbst der Einsatz von üblicher Office-Software, etwa Microsoft 365, vollständig mitbestimmungspflichtig ist.

Bundesarbeitsgericht

Lange war es umstritten, ob der Betriebsrat mit diesem Mitbestimmungsrecht auch die Einführung einer elektronischen Zeiterfassung durchsetzen kann. Eine ältere Entscheidung des BAG, die dies verneint hat (28. 11. 1989 – 1 ABR 97/88), ist inzwischen durch die Entwicklung überholt: Der EuGH (14. 5. 2019 – C-55/18) hat die Verpflichtung aller Mitgliedstaaten der EU festgestellt, die in ihren Ländern tätigen Arbeitgeberinnen zu verpflichten, die Arbeitszeiten der Beschäftigten vollständig zu erfassen. Das BAG (13. 9. 2022 – 1 ABR 22/21) hat daraufhin herausgefunden, dass in Deutschland diese Vorschrift schon längst existiert, aber bislang noch nicht in ihrer Tragweite erkannt wurde. Damit steht dann auch fest, dass der Betriebsrat die Einigungsstelle zur Entscheidung darüber anrufen kann, auf welche Weise diese Verpflichtung im eigenen Betrieb umgesetzt wird.

Der Betriebsrat muss jedoch in der Regel solche juristischen Streitigkeiten überhaupt nicht austragen. Er kann einfach seine Zustimmung zu einem flexibilisierten Arbeitszeitsystem davon abhängig machen, dass eine entsprechende Zeiterfassung installiert wird. Durch eine Verknüpfung von Forderungen kann er auch dort, wo die Arbeitgeberin bestreitet, dass ein Mitbestimmungsrecht besteht, mit entsprechendem Nachdruck sein Anliegen verfolgen.

4.6 Betriebliche Regelungen über die Verhütung von Arbeitsunfällen und Berufskrankheiten sowie über den Gesundheitsschutz im Rahmen der gesetzlichen Vorschriften oder Unfallverhütungsvorschriften (§ 87 Abs. 1 Nr. 7 BetrVG)

Arbeitsschutz – ein komplexes Thema

Arbeitsschutz ist in der Praxis zumeist kein Thema, bei dem sich Betriebsrat und Arbeitgeberin über das Bestehen oder Nichtbestehen von Mitbestimmungsrechten streiten. Dies heißt allerdings nicht, dass in Sachen Arbeits- und Gesundheitsschutz in unserem Lande alles in bester Ordnung wäre. Das Thema für sich ist vielmehr ausgesprochen komplex und scheinbar nur von Fachleuten zu bewältigen. Außerdem besteht das Mitbestimmungsrecht nur im Rahmen der gesetzlichen Vorschriften oder Unfallverhütungsvorschriften. Streit um die Mitbestimmung gibt es beim Thema »Arbeitsschutz« in der Regel um die Reichweite dieses Mitbestimmungsrechts, also etwa, ob der Betriebsrat auch die Maßnahmen im Arbeitsschutz erzwingen kann, die ihm richtig erscheinen. Das erfordert dann häufig zwei parallele Initiativen des Betriebsrats: Er muss versuchen, sich in der Einigungsstelle durchzusetzen und gleichzeitig oder danach den Umfang seines Mitbestimmungsrechts durch ein Gericht klären lassen.

Vorschriften über den Arbeitsschutz haben einen solchen Umfang angenommen, dass die Ansicht verbreitet ist, hier gäbe es kaum noch Spielräume für betriebliche Regelungen. Dies ist jedoch gerade nicht so. Das folgende Beispiel belegt dies:

In § 5 des Arbeitsschutzgesetzes findet sich die Anweisung an die Arbeitgeberin, jeden Arbeitsplatz zu analysieren und zu ermitteln, welche Gefahrdungen von der Arbeit und der Umgebung dort ausgehen und welche Maßnahmen des Arbeitsschutzes erforderlich sind. In welcher Weise diese Beurteilung erfolgt, legt das Gesetz nicht fest. In der Praxis stellen sich aber Alternativen, wie etwa die vielfältigen, sich unterscheidenden Handlungsanleitungen der Berufsgenossenschaften zur Gefährdungsanalyse zeigen. Auch ist durch das Gesetz nicht vorgeschrieben, wer die Beurteilung innerbetrieblich durchführt.

Die betriebliche Umsetzung dieses Gesetzes lässt also weite Spielräume, deren Ausfüllung durch den Betriebsrat unter Inanspruchnahme des Mitbestimmungsrechts mitgestaltet werden kann und muss. Vergleichbare Situationen gibt es in fast allen anderen Arbeitsschutzvorschriften auch: Diese sind keineswegs so abschließend, dass die Arbeitgeberin sie lediglich noch umzusetzen hätte. Vielmehr ist immer die Frage nach dem anzuwendenden Verfahren zu klären. Solange es hier Alternativen gibt, ist das Mitbestimmungsrecht gegeben (BAG v. 8. 6. 2004 – 1 ABR 13/03).

Die Erzwingbarkeit der Mitbestimmung ist hier anders zu beurteilen als bei den anderen Mitbestimmungssachverhalten in dieser Vorschrift (Ordnungsverhalten, Arbeitszeit usw.). Die Existenz von Gesetzen und Verordnungen schließt es nicht aus, sondern ist im Gegenteil Voraussetzung für entsprechende Initiativen. Diese Normen bilden den Rahmen, innerhalb dessen der Betriebsrat tätig werden kann. Existieren solche Normen nicht, wird es schwieriger.

Ist der Betriebsrat etwa der Ansicht, in seinem Betrieb seien Maßnahmen gegen bislang ungeklärte Gefährdungen wie etwa Elektrosmog notwendig, wird er hierzu weder Gesetze noch andere Regelwerke finden. Da sein erzwingbares Mitbestimmungsrecht gem. § 87 Abs. 1 Nr. 7 BetrVG diese aber braucht, ist der Elektrosmog unmittelbar für ihn hier kein Thema. Er kann ihn aber zum Thema im Rahmen der Gefährdungsanalyse nach dem Arbeitsschutzgesetz machen. Auf diesem Umweg hat er dann doch wieder die Möglichkeit, in diesen Spielräumen die Initiative zu ergreifen.

4.7 Form, Ausgestaltung und Verwaltung von Sozialeinrichtungen, deren Wirkungsbereich auf den Betrieb, das Unternehmen oder den Konzern beschränkt ist (§ 87 Abs. 1 Nr. 8 BetrVG)

Klassische Sozialeinrichtung – Kantine

Die klassische Sozialeinrichtung, bei der das Mitbestimmungsrecht besteht, ist die eigene Kantine. Hier kann – sofern jemand Interesse daran hat – sogar die Zusammensetzung der Speisen von der Zustimmung des Betriebsrats abhängig gemacht werden. Dies ist keineswegs so absurd, wie es sich zunächst anhört: Ob eine Kantine vor allem geschmacksneutrales Fertigfutter anbietet oder aber – auch – Speisen, die zumindest gesundheitlich unbedenklich sind, sollte durchaus im Blickfeld der Interessenvertretung liegen.

Allerdings haben viele Betriebe ihre eigenen Kantinen aufgelöst oder verselbstständigt. Dann sind sie nicht mehr Einrichtungen der eigenen Arbeitgeberin, sondern Fremdfirmen. In diesem Fall läuft das Mitbestimmungsrecht leer: Der Betriebsrat kann dann auf das Verhalten, etwa die Preisgestaltung dieses fremden Anbieters, nur noch insoweit Einfluss nehmen, wie auch die Arbeitgeberin sich Rechte gegenüber dem Kantinenpächter hat einräumen lassen. Deren Ausübung unterliegt dann wieder der Mitbestimmung.

Zweckmäßig ist es, Fragestellungen wie diejenige, ob eine Salattheke aufgestellt werden soll, nicht im gesamten Betriebsrat zu behandeln, sondern hierfür gegebenenfalls einen gemeinsamen Ausschuss mit der Arbeitgeberin zu bilden.

Der Grundsatz, dass es sich um einen Eigenbetrieb der Arbeitgeberin handeln muss, damit der Betriebsrat mitbestimmen kann, trifft auch für alle anderen Sozialeinrichtungen zu. Gleich, ob es sich hierbei um Fortbildungseinrichtungen, Sportanlagen und Kindergärten oder Pensionskassen handelt: Immer muss die Arbeitgeberin selbst diese Einrichtung führen. Sie führt sie auch, wenn sie eine eigene Gesellschaft dafür gründet, die unter ihrer Regie steht. Es muss sich um ein »zweckgebundenes Sondervermögen« handeln, die Sozialeinrichtung muss also selbstständig wirtschaften (BAG v. 8. 11. 2011 – 1 ABR 37/10). Auch ist es wichtig, dass die Arbeitgeberin die Einrichtung zunächst mal zum Zwecke der Bedienung der eigenen Beschäftigten bereitgestellt hat und nicht vor allem damit am Markt auftreten will. So ist etwa das Restaurant eines Hotels keineswegs eine Sozialeinrichtung, auch wenn die Beschäftigten dort zu verbilligten Preisen oder gar umsonst essen können. Der Zweck des Restaurants ist vielmehr, Gäste von außerhalb des Unternehmens zu bedienen.

Bei diesem Mitbestimmungsrecht ist die Frage nach seiner Reichweite schnell beantwortet. Die Vorschrift sagt selbst, dass nur die Form, Ausgestaltung und Verwaltung der Sozialeinrichtungen dem Mitbestimmungsrecht unterliegen. Will die Arbeitgeberin Sozialeinrichtungen schließen oder gar nicht eröffnen, besteht auch keine Möglichkeit, ein anderes Verhalten zu erzwingen. Existiert hingegen die Sozialeinrichtung, kann der Betriebsrat seine Initiativen auch durchsetzen.

4.8 Zuweisung und Kündigung von Wohnräumen, die mit Rücksicht auf das Bestehen des Arbeitsverhältnisses vermietet werden, sowie die allgemeine Festlegung von Nutzungsbedingungen (§ 87 Abs. 1 Nr. 9 BetrVG)

Die Fälle, in denen die Arbeitgeberin selbst Wohnräume für die Beschäftigten bereithält, sind selten geworden. Dort, wo solche Dienst- oder Werkswohnungen noch existieren, erstreckt sich das Mitbestimmungsrecht auf die Fragen der Ausgestaltung des Mietverhältnisses. Hierzu zählt vor allem im Falle eines Konflikts zwischen mehreren Bewerbern die Entscheidung darüber, wer im Einzelfall bevorrechtigte Ansprüche auf Zuteilung einer Werkswohnung hat. Dieses Mitbestimmungsrecht kann für Einzelfälle ebenso ausgeübt werden, wie durch Schaffung genereller Richtlinien, die etwa eine Auswahl nach sozialen Kriterien zwischen mehreren Interessierten vorsehen.

Ebenfalls mitbestimmungspflichtig ist die Festsetzung der Miethöhe oder der Regelung von allgemeinen Nutzungsbedingungen, also von Hausordnungen oder Ähnlichem.

Dieses Mitbestimmungsrecht spielt bei einem normalen Mietmarkt nur noch eine untergeordnete Rolle. Wegen der sich immer weiter verschärfenden Wohnsituation sind aber Änderungen zu erwarten. Schon jetzt müssen manche Arbeitgeberinnen neuen Arbeitskräften gleichzeitig eine Unterstützung bei der Wohnraumbeschaffung zukommen lassen, weil sie ohne das kein neues Personal mehr bekommen. Wenn diese Unterstützungen auch im Arbeitsverhältnis selbst fortgeführt werden – also nicht nur in der Vermittlung der Wohnung bestehen –, lebt dieses Mitbestimmungsrecht wieder auf und besteht neben dem bei der betrieblichen Lohngestaltung (Abschnitt 4.9).

Lässt die Arbeitgeberin solche Wohnungen von eigenständigen Gesellschaften verwalten, muss der Betriebsrat überprüfen, ob dadurch das Mitbestimmungsrecht ausgeschlossen wird. Manchmal gründet die Arbeitgeberin hierfür nur eigene Tochterunternehmen, die aber weiter unter ihrer Regie arbeiten. In diesem Fall ist es möglich und auch sinnvoll, Regelungen zu erarbeiten, wie auf diese abhängigen Firmen eingewirkt werden kann. Schließlich ist durch die bloße rechtliche Verselbständigung an der Zweckbestimmung des Wohnraumes und damit der Notwendigkeit der Ausübung von Mitbestimmungsrechten nichts geändert worden.

Das erzwingbare Mitbestimmungsrecht besteht nur im Rahmen der von der Arbeitgeberin geschaffenen Voraussetzungen. Will sie ihren Wohnungsbestand veräußern oder überhaupt keine Werkswohnungen zur Verfügung stellen, lässt sich diese Entscheidung auch nicht im Mitbestimmungsverfahren beeinflussen.

4.9 Fragen der betrieblichen Lohngestaltung, der Aufstellung von Entlohnungsgrundsätzen und die Einführung und Anwendung von neuen Entlohnungsmethoden sowie deren Änderung (§ 87 Abs. 1 Nr. 10 BetrVG)

Entlohnungsgrundsätze sind ein klassisches Feld der Tarifverträge. Dort werden in der Regel Gruppen definiert, in die alle Beschäftigten nach ihrem Tätigkeitsbild einzuordnen sind. Aus der nach § 99 BetrVG mitbestimmungspflichtigen Zuordnung zu einer bestimmten Vergütungsgruppe ergibt sich dann nach dem Vergütungstarifvertrag das monatliche Grundeinkommen.

Damit ist das Thema allerdings für den Betriebsrat nicht erledigt. In vielen Fällen gibt es neben den tariflichen Ansprüchen auch noch mehr oder weniger freiwillige Zulagen, die die Arbeitgeberin zahlt. Das Mitbestimmungsrecht ist aufgrund des Bestehens des Tarifvertrags nur bei den durch Tarifvertrag geregelten Ansprüchen, also vor allem dem Entgelt aus der entsprechenden Vergütungsgruppe ausgeschlossen. Anders verhält es sich bei übertariflichen Leistungen: Deren Verteilung unterliegt der Mitbestimmung, nicht aber, wie viel Geld insgesamt für Zulagen zur Verfügung gestellt wird (sog. »Topftheorie«).

Die Unterscheidung ist in der betrieblichen Praxis schwierig nachzuvollziehen und wird in sehr vielen Betriebsvereinbarungen auch schlicht missachtet. Im Ergebnis wird dann sowohl die Verteilung als auch der Umfang der Zulagen insgesamt (der »Topf«) geregelt.

Zwar liegt darin ein Verstoß gegen § 77 Abs. 3 BetrVG. Dieser lautet:

Inhalt des § 77 Abs. 3 BetrVG

»Arbeitsentgelte und sonstige Arbeitsbedingungen, die durch Tarifvertrag geregelt sind oder üblicherweise geregelt werden, können nicht Gegenstand einer Betriebsvereinbarung sein. Dies gilt nicht, wenn ein Tarifvertrag den Abschluss ergänzender Betriebsvereinbarungen ausdrücklich zulässt.«

Dies ändert jedoch nichts daran, dass in den meisten Betrieben weiterhin so verfahren wird. Hier gilt die gängige Weisheit, wonach dort, wo niemand klagt, sich auch niemand findet, der richtet.

Der Betriebsrat muss aber wissen, dass er zum einen eine Vereinbarung über die Höhe der Vergütung nicht erzwingen kann, zum anderen aber auch die Beschäftigten keine Ansprüche mehr haben, wenn die Arbeitgeberin einseitig die Zulagen, die ja im Grunde genommen immer noch freiwillig sind, vollständig streicht. Ein Schlupfloch gibt es hier nur dann, wenn diese Streichung nicht vollständig, sondern nur zum Teil und ohne Beteiligung des Betriebsrats erfolgt und dabei der Verteilungsmodus verändert wird. Dann führt der Verstoß gegen das Mitbestimmungsrecht bei der Verteilung zu einem Fortbestand der Vereinbarung und damit der Ansprüche in der ursprünglichen Höhe (BAG v. 26. 10. 2010 – 1 AZR 853/08).

Solange die Arbeitgeberin ihre freiwilligen Leistungen nicht widerruft, gibt es keinen Anlass für den Betriebsrat, solche rechtswidrigen Vereinbarungen von sich aus anzugreifen.

Entgeltgruppensystem per Betriebsvereinbarung

In nicht tarifgebundenen Betrieben besteht mit diesem Mitbestimmungsrecht die Möglichkeit, ein eigenes Entgeltgruppensystem für alle Beschäftigten per Betriebsvereinbarung zu schaffen. So kann etwas mehr Transparenz und Gerechtigkeit in das betriebliche Vergütungsschema gebracht werden. In der Regel wird sich ein solches System an vergleichbare tarifliche Regelungen anlehnen.

Dasselbe kann auch im Bereich der außertariflichen Angestellten gemacht werden, deren Vergütungsstrukturen ebenfalls geordnet werden sollten. Hier gilt die Schranke des § 77 Abs. 3 BetrVG nicht: Außertariflich vergütete Mitarbeiter werden vom Tarifvertrag ja gerade nicht erfasst. (Genauer beschrieben wird das Thema in Thannheiser, »AT-Angestellte« / IG Metall-Handlungshilfe Nr. 29.)

Ein solches selbstgemachtes Gehaltsgruppensystem wirkt dann wie ein Tarifvertrag. Insbesondere kann der Betriebsrat bei den bereits beschriebenen personellen Einzelmaßnahmen dessen Einhaltung auch durchsetzen.

Dieses Mitbestimmungsrecht zeigt sehr deutlich, wo die Grenzen der Betriebsratstätigkeit liegen: Eingriffe in von den Beschäftigten selbst – einzelvertraglich – gestaltete Bedingungen sind mit wenigen Ausnahmen tabu. Wer also – aufgrund größeren Geschicks oder anderer Faktoren – es geschafft hat, sein Gehalt hochzuverhandeln, muss um diese Ansprüche nicht wegen der Einführung eines betrieblichen Entgeltgruppensystems fürchten.

Das Gleiche gilt für individuell ausgehandelte Zulagen: Übersteigen diese die Höhe, die sich nach Anwendung von Verteilungsgrundsätzen ergibt, ist die einzelvertragliche Vereinbarung maßgeblich, weil günstiger. Sie vergrößert aber den Betrag im »Topf«, der zur Verteilung zur Verfügung steht.

Zu den mitbestimmungspflichtigen Angelegenheiten im Rahmen der Lohngestaltung zählt auch die Entscheidung darüber, ob Teile der Vergütung leistungsbezogen gewährt werden. Insbesondere bei Zulagen ist es häufig so, dass diese nach dem Arbeitsergebnis verteilt werden. Dann handelt es sich um eine Leistungsprämie, bei der der Betriebsrat seine Mitbestimmungstätigkeit vor allem in der Richtung ausüben sollte, die Kriterien dafür festzulegen, was als Leistung zu bewerten ist und wer für diese Bewertung zuständig ist. Hierfür gibt es das Mitbestimmungsrecht in § 87 Abs. 1 Nr. 11 BetrVG, das in manchen Fällen die Rechte des Betriebsrats noch einmal erweitert.

Das Mitbestimmungsrecht bezieht sich auf jede Form der Vergütung für Arbeitsleistung, also nicht nur auf die Zahlungen, die am Monatsanfang oder Monatsende auf dem Girokonto landen. Zum Arbeitsentgelt zählt die betriebliche Altersversorgung ebenso wie die Bereitstellung eines Firmenwagens zur privaten Nutzung.

Die Möglichkeiten des Betriebsrats, seine Anliegen in der Einigungsstelle entscheiden zu lassen, sind bei diesem Mitbestimmungsrecht dann eingeschränkt, wenn es um die Verteilung eines von der Arbeitgeberin zur Verfügung gestellten

Budgets geht. Seiner Mitbestimmung unterliegt gerade nicht die Frage, wie hoch der Topf, aus dem Zulagen verteilt werden sollen, gefüllt ist. Erzwingen kann er aber die Verhandlung über die Vergütungsgrundsätze, also die Einführung und Gestaltung von Entgeltgruppen im nicht durch Tarifvertrag geregelten Bereich.

4.10 Festsetzung der Akkord- und Prämiensätze und vergleichbare leistungsbezogene Entgelte einschließlich der Geldfaktoren (§ 87 Abs. 1 Nr. 11 BetrVG)

Soll sich die Höhe der Vergütung an der Leistung orientieren, gibt es hierfür verschiedene Modelle. Die klassische Form des Einzel- oder Gruppenakkords gibt es zwar immer noch, wird aber von Prämienlohnmodellen verdrängt. Zunehmend werden Komponenten leistungsbezogen vergütet. Die Höhe der Vergütung soll dann z. B. vom Erfolg des Unternehmens abhängen oder von einem Budget, das die Arbeitgeberin festlegt.

Sowohl die Einführung als auch die Ausgestaltung solcher Modelle variabler Vergütung lösen die erzwingbare Mitbestimmung aus, gleich ob der Betriebsrat oder die Arbeitgeberin Initiative dafür ergreift. Auch die Begriffe, die für das jeweilige Vergütungssystem gefunden werden, ändern daran nichts: Es mag als Zielvereinbarung, als Incentive oder anders bezeichnet werden, der Betriebsrat ist immer im Boot. Auch viele Tarifverträge sehen eine leistungsbezogene Vergütung vor, etwa das Entgeltrahmenabkommen der Metallindustrie (ERA) oder der TVöD. Hier ist dann im Rahmen der Mitbestimmung vor allem darüber zu entscheiden, welche Leistungen wie gemessen werden sollen und nach welchen Kriterien das vorhandene Budget am Ende unter den Betroffenen aufzuteilen ist.

Änderung der Vergütungsmethode über Mitbestimmungsrecht

Ein Streit darüber, ob das Mitbestimmungsrecht sich aus § 87 Abs. 1 Nr. 10 oder Nr. 11 BetrVG ergibt, ist überflüssig. Gerade im Bereich der leistungsbezogenen Entgelte kann dies strittig sein, weil die Rechtsprechung hier unterschiedliche Wege geht. Sicher ist aber, dass die leistungsbezogene Vergütung praktisch immer nach einer der beiden Vorschriften dem Zugriff des Betriebsrats unterliegt. Sobald die Vergütung von der Leistung abhängig gemacht wird, also etwa bei Prämien- und Leistungslöhnen, ist immer die Nr. 11 einschlägig, die den zusätzlichen Vorteil bietet, dass hier auch auf die Höhe der Vergütung, die »Geldfaktoren« – wie es in der Vorschrift heißt – Einfluss genommen werden kann.

4.11 Grundsätze über das betriebliche Vorschlagswesen (§ 87 Abs. 1 Nr. 12 BetrVG)

Seit Jahren rollt durch die Betriebe eine Welle von Unternehmensberatungen, die praktisch alle mit derselben Botschaft an die Arbeitgeberin auftreten: Das Wissen der Arbeitnehmer soll stärker genutzt und die Menschen nicht nur als Vollzugsorgane fremder Ideen behandelt werden. Damit verbunden ist das Erfordernis, den Beschäftigten Anreize zu bieten, sich selbst um Verbesserungen zu bemühen.

Verbesserungsvorschläge

Für Betriebsräte ist dies eine ausgesprochen zweischneidige Angelegenheit: In Verbesserungsvorschlägen steckt meistens auch ein Rationalisierungspotenzial. Zwar profitieren einzelne Beschäftigte von dem Vorschlag, wenn sie eine Prämie hierfür erhalten. Unter Umständen ist dieser Profit jedoch mit der Entlassung anderer erkauft, weil deren Arbeitskraft nicht mehr benötigt wird.

Dennoch kann sich der Betriebsrat dem Thema nicht verschließen, weil die Arbeitgeberin ein elementares Interesse an dieser laufenden Verbesserung ihres Betriebsergebnisses hat. Das Mitbestimmungsrecht sollte vor allem dazu dienen, durchzusetzen, dass nicht nur arbeitsplatzvernichtende Vorschläge prämiert werden. Auch Ideen, die sich etwa – ohne einen unmittelbaren wirtschaftlichen Effekt zu haben – auf Verbesserungen des Arbeitsschutzes oder der Arbeitssituation beziehen, haben ihren Wert. Hier geht es dann vor allem darum, ein System zu finden, wie solche Vorschläge bei der Prämierung zu bewerten sind.

Erzwingbare Regelungen

Regelungen über das betriebliche Vorschlagswesen sind durch den Betriebsrat erzwingbar, auch wenn die Arbeitgeberin davon nichts hält. Allerdings ist die Prämierung von Vorschlägen wiederum eine Angelegenheit, die der Betriebsrat nicht gegen den Willen der Arbeitgeberin durchsetzen kann. In der betrieblichen Wirklichkeit spielt dies jedoch keine Rolle, da fast jedes Unternehmen daran interessiert ist, sich die Vorschläge seiner Beschäftigten zu Nutze zu machen. Eine Arbeitgeberin, die hier nicht auch entsprechend zahlungswillig ist, wird wenige Vorschläge ernten. Von daher gibt es praktisch immer einen Ansatzpunkt für dieses Mitbestimmungsrecht.

4.12 Grundsätze über die Durchführung von Gruppenarbeit (§ 87 Abs. 1 Nr. 13 BetrVG)

Gruppenarbeit ist eine gängige Arbeitsform. Damit ist nicht ein beliebiges Zusammenwirken mehrerer Beschäftigter zu verstehen, weil dann jede Abteilung eine Arbeitsgruppe wäre. Gemeint sind solche Teams, die im Wesentlichen eigenverantwortlich eine Arbeitsaufgabe erledigen müssen. Hier hat der Betriebsrat über das Mitbestimmungsrecht die Möglichkeit, Festlegungen darüber zu beeinflussen, wie sich die Zusammenarbeit vollzieht, welche Entscheidungsstrukturen in der Gruppe verankert werden, nach welchen Kriterien die Gruppen zusammengesetzt werden usw.

Dieses Recht erstreckt sich auf alle nur erdenklichen Fragen – bis auf diejenigen nach Einführung oder Abschaffung der Gruppenarbeit. Dies sind einseitige Vorgaben, die die Arbeitgeberin mitbestimmungsfrei machen kann.

4.13 Ausgestaltung von mobiler Arbeit, die mittels Informations- und Kommunikationstechnik erbracht wird (§ 87 Abs. 1 Nr. 14 BetrVG)

Die Ausgestaltung mobiler Arbeit unterliegt dann der erzwingbaren Mitbestimmung, wenn sie unter Einsatz von technischen Kommunikationsmitteln erfolgt. Da die Arbeit von außerhalb des Betriebs praktisch niemals ohne einen Kontakt dorthin über Mobiltelefon oder Datenverkehr auskommt, macht das Gesetz hier eine Selbstverständlichkeit zur Voraussetzung für das Mitbestimmungsrecht. Jeder auswärtige Einsatz, sei es der von Servicekräften, Kundenberatern, Administratorinnen oder anderen, ist mobile Arbeit, deren Organisation mitbestimmungspflichtig ist.

So kann der Betriebsrat z.B. beeinflussen, welche Ausrüstung hierfür zur Verfügung gestellt wird, wer mit welchem Vorlauf darüber entscheiden kann, ob die Beschäftigten im Betrieb – etwa zu Besprechungen – erschienen müssen und unter welchen Voraussetzungen das Recht, mobil zu arbeiten, wieder aufgehoben werden kann.

Mitbestimmungsrechte für Sachverhalte, die bereits nach anderen Vorschriften der Mitbestimmung unterliegen, werden durch diese Vorschrift nicht beschränkt. So ist die Verteilung der Arbeitszeit bei der mobilen Arbeit in gleichem Umfang mitbestimmungspflichtig wie bei der Arbeit im Betrieb. Dasselbe gilt auch für alle anderen Mitbestimmungsrechte.

4.14 Richtlinien über die personelle Auswahl bei Einstellungen, Versetzungen, Umgruppierungen und Kündigungen (§ 95 BetrVG)

Auswahlrichtlinien sind generelle Festlegungen, anhand derer Personalentscheidungen getroffen werden müssen. Hierunter fallen etwa Punktesysteme, die Auskunft darüber geben, wer für eine Versetzung oder Kündigung in Betracht kommt. Die Existenz solcher Richtlinien schafft – wie wir bereits gesehen haben – Widerspruchs- bzw. Zustimmungsverweigerungsrechte bei personellen Einzelmaßnahmen.

Allerdings sind solche Richtlinien nur in Betrieben mit mehr als 500 Beschäftigten durch den Betriebsrat erzwingbar. In allen anderen Fällen muss er beobachten, ob die Arbeitgeberin von sich aus solche Grundsätze anwendet. Diese unterliegen dann gleichfalls der Mitbestimmung, der Betriebsrat kann also ihren Inhalt beeinflussen.

4.15 Betriebliche Berufsbildung (§§ 96–98 BetrVG)

Ein Schattendasein führt in vielen Betrieben die Mitbestimmung bei der betrieblichen Berufsbildung. Dies steht im krassen Gegensatz zur allseits betonten Bedeutung, die die ständige Fortbildung der Beschäftigten für den Erhalt des Arbeitsplatzes und natürlich auch deren Aufstiegsmöglichkeiten hat. Wer nicht rechtzeitig darauf achtet, dass auch andere als nur die guten Bekannten der Vorgesetzten an Qualifizierungen teilnehmen, hat später keine Alternativen, wenn es um die Besetzung der entsprechenden Stellen geht. Frauenförderung oder Überstundenabbau sind gleichfalls Anliegen, die mit der Verbreiterung der Qualifikationsbasis unmittelbar zusammenhängen.

Ob die Arbeitgeberin Bildungsmaßnahmen anbietet oder unterstützt, ist ihre Entscheidung, die der Betriebsrat rechtlich nicht beeinflussen kann. Die Arbeitgeberin muss zwar gem. § 96 Abs. 1 BetrVG den Bildungsbedarf ermitteln, wenn der Betriebsrat darauf besteht und mit ihm darüber auch beraten. Jedoch kann nicht einmal die Einigungsstelle, die bei Streit hierüber eingerichtet werden kann, sie dazu verpflichten, den Bedarf auch zu decken.

Erzwingbare Berufsbildungsmaßnahmen

Nur in einem Fall kann der Betriebsrat die Durchführung von Qualifizierungsmaßnahmen auch über die Einigungsstelle erzwingen: Wenn sich die Tätigkeit der Beschäftigten so verändert (hat), dass sie ohne Qualifizierung Gefahr laufen, den Anforderungen nicht mehr gerecht zu werden. Selbst wenn die Arbeitgeberin diese Notwendigkeit nicht sieht, kann sie auf diesem Weg durch den Betriebsrat gem. § 97 Abs. 2 BetrVG dazu verpflichtet werden, solche Maßnahmen durchzuführen oder zu finanzieren.

Umfangreicher sind die Rechte des Betriebsrats, wenn die Arbeitgeberin von sich aus Qualifizierung anbietet – gleich, ob im oben beschriebenen Sinne erforderlich oder nicht. In diesem Fall sind die Mitbestimmungsrechte gem. § 98 BetrVG bei der betrieblichen Berufsbildung danach gestaffelt, ob die Qualifizierung im Betrieb oder außerhalb, während der Arbeitszeit oder danach stattfindet und wer sie bezahlt. Je nach Art können die Inhalte der Schulung, die Auswahl der teilnehmenden Beschäftigten und die des Lehrpersonals beeinflusst werden. Auch wenn die Arbeitgeberin das alles allein bestimmen will, kann der Betriebsrat sie in die Einigungsstelle zwingen, die dann darüber entscheidet, wie eine betriebliche Berufsbildung stattfinden muss.

V. Strategiebildung im Betriebsrat

Nachdem der Betriebsrat sich über seine Zielstellungen Klarheit verschafft und für eine ausreichende Informationsbasis gesorgt hat, sollte er im Bereich der sozialen Angelegenheiten feststellen, ob er in der »Offensivposition« oder der »Defensivposition« ist. In der Offensive ist er, wenn er eigene Initiativen ergreift und Anliegen durchsetzen will, in der Defensive, wenn die Arbeitgeberin an ihn herantritt, weil sie die Zustimmung des Betriebsrats zu einer Maßnahme benötigt.

Will er eigene Anliegen durchsetzen, ist das in einigen Fällen nur möglich, wenn die Arbeitgeberin vorher von sich aus tätig wird. Am deutlichsten wird dies bei den freiwilligen Zulagen: Solange die Arbeitgeberin nicht bereit ist, überhaupt etwas zu bezahlen, gibt es auch keine Mitbestimmungsrechte bei der Verteilung des Geldes.

Ihre Bereitschaft, derartige Leistungen zu erbringen, kann der Betriebsrat aber dadurch fördern, dass er Themen miteinander verknüpft: Anliegen der Arbeitgeberin, bei denen sie seine Zustimmung benötigt, mit solchen, bei denen der Betriebsrat sich nicht durchsetzen kann, hier die Zahlung freiwilliger Zulagen. Will die Arbeitgeberin z.B. ein leistungsbezogenes Entgeltsystem einführen, kann der Betriebsrat seine Zustimmung dazu davon abhängig machen, dass sie auch leistungsunabhängige Zulagen bezahlt. Ein solches Vorgehen ist – von beiden Seiten – betrieblicher Alltag und keineswegs erpresserisch. Letzten Endes sind weder Betriebsrat noch Arbeitgeberin verpflichtet, dem Anliegen der Gegenseite ohne Weiteres nachzukommen. Beide haben die Möglichkeit, den Weg zur Einigungsstelle zu gehen, statt sich vorher auf Kompromisse einzulassen.

Prüfung, ob erzwingbares Mitbestimmungsrecht gegeben ist

Befindet sich der Betriebsrat in der Offensivposition, muss er als erstes überprüfen, ob er überhaupt ein erzwingbares Mitbestimmungsrecht hat. Das entscheidet sich anhand einer unscheinbaren Formulierung in der jeweiligen Vorschrift im BetrVG, die die Mitbestimmungsrechte über die Angelegenheit enthält. Meist lautet sie etwa so:

»Kommt eine Einigung (...) nicht zustande, so entscheidet die Einigungsstelle. Der Spruch der Einigungsstelle ersetzt die Einigung zwischen Arbeitgeber und Betriebsrat.«

Spruch heißt in diesem Falle die Entscheidung der Einigungsstelle, der die Mehrheit der Mitglieder zugestimmt hat.

Nur wenn diese Passage im Gesetzestext existiert, ist die Mitbestimmung erzwingbar. Allerdings kann diese auch eingeschränkt sein. Ein Beispiel hierfür ist die Mitbestimmung bei Auswahlrichtlinien gem. § 95 BetrVG. Dort ist zwar auch geregelt, dass die Einigungsstelle entscheidet, allerdings in Betrieben mit weniger als 500 Beschäftigten nur auf Antrag der Arbeitgeberin. Unterhalb dieser Schwelle kann der Betriebsrat zwar die Einführung von Auswahlrichtlinien vorschlagen. Will die Arbeitgeberin aber grundsätzlich keine Richtlinien für personelle Maßnahmen in ihrem Betrieb haben, so führt für den Betriebsrat kein Weg in die Einigungsstelle, weil die erforderliche Betriebsgröße nicht erreicht wird.

Die Formulierung zur Zuständigkeit der Einigungsstelle verweist inhaltlich auf eine andere Vorschrift im Betriebsverfassungsgesetz: § 76 Abs. 5 regelt das Verfahren in der Einigungsstelle, wenn deren Spruch die Einigung zwischen Arbeitgeberin und Betriebsrat ersetzt. Dann kann zur Not auch ohne die eine oder andere Betriebspartei in der Einigungsstelle entschieden werden. Es gibt also keine Möglichkeit für die Seite, die das Mitbestimmungsverfahren nicht möchte, indem sie deren Sitzungen oder auch nur die Abstimmung boykottiert.

Ist der Betriebsrat in der Defensivposition, will also die Arbeitgeberin von ihm die Zustimmung zu einer von ihr angestrebten Maßnahme, spielt die Frage nach dem Initiativrecht keine Rolle. Die Arbeitgeberin kann immer initiativ werden, von Bedeutung ist lediglich, ob es nach der oben genannten Formulierung ein erzwingbares Mitbestimmungsrecht gibt. Wenn ja, weiß der Betriebsrat, dass die Arbeitgeberin auf seine Zustimmung angewiesen ist. Dasselbe gilt bei den personellen Einzelmaßnahmen »Einstellung«, »Versetzung« und »Ein- oder Umgruppierung«.

Hat eine Meinungsbildung im Betriebsrat stattgefunden, sind eigentlich nur drei Varianten denkbar:

Handlungsmöglichkeiten des Betriebsrats

1. Der Betriebsrat lehnt die von der Arbeitgeberin vorgesehene Maßnahme grundsätzlich ab.
2. Der Betriebsrat ist im Grunde einverstanden, will die Zustimmung aber an Bedingungen knüpfen.
3. Der Betriebsrat hält die Maßnahme vorbehaltlos für richtig.

Im letzten Fall bestehen im Grunde keine Probleme. Der Betriebsrat kann der Arbeitgeberin sein Einverständnis signalisieren. Allerdings sollte auch in dieser Situation unbedingt überlegt werden, ob diese Zustimmung einfach so gegeben wird, oder ob sie mit anderen Anliegen des Betriebsrats, die nichts mit der Sache zu tun haben müssen, verbunden werden soll.

Will etwa die Arbeitgeberin den Betriebsrat dazu bewegen, ihrem Anliegen zuzustimmen, die Arbeitszeit ungleichmäßig über das Jahr zu verteilen und damit Zuschläge zur Mehrarbeit zumindest zum Teil zu beseitigen, muss er nicht einfach zustimmen, auch wenn er dies selbst für richtig hält. Er kann z. B. als Gegenleistung die verbindliche Zusage verlangen, bestimmte Einstellungen vorzunehmen. Dies wäre eine Verknüpfung von zwei Sachverhalten, die eigentlich nichts miteinander zu tun haben und von denen einer gerade nicht der erzwingbaren Mitbestimmung unterliegt.

Hält der Betriebsrat die Maßnahme für völlig inakzeptabel, muss er sich überlegen, ob er das der Arbeitgeberin sofort sagt und damit möglicherweise direkt den nächsten Schritt, nämlich den Gang in die Einigungsstelle, auslöst. Sofort reagieren muss er nur dann, wenn es um eine Einstellung, Versetzung, Ein-/Umgruppierung oder Kündigung geht, weil hier das Gesetz Fristen setzt (eine Woche bzw. drei Tage bei einer außerordentlichen Kündigung), nach deren Ablauf seine Zustimmung als erteilt gilt, wenn der Betriebsrat nicht richtig reagiert hat.

Strebt der Betriebsrat hingegen Verbesserungen am Vorhaben der Arbeitgeberin an und besteht ein erzwingbares Mitbestimmungsrecht, müssen entsprechende Forderungen an sie gerichtet und Verhandlungen aufgenommen werden. Auch diese Variante kann in die Einigungsstelle führen, die dann sowohl über die Vorstellungen der Arbeitgeberin wie auch die Änderungswünsche des Betriebsrats zu entscheiden hat.

Die Stärke des Betriebsrats in dieser Situation bemisst sich ausschließlich daran, ob das Mitbestimmungsrecht auch tatsächlich besteht. Dieses kann in seltenen Fällen im Bereich der sozialen Angelegenheiten ausgeschlossen sein, weil der Tarifvertrag oder das Gesetz bereits eine abschließende Regelung zum jeweiligen Thema enthält. Der Eingangssatz zu § 87 Abs. 1 BetrVG enthält eine solche Einschränkung. Eine Bindungswirkung für das Mitbestimmungsverfahren entfalten diese Vorschriften allerdings nur, wenn sie die Mitbestimmungsangelegenheiten abschließend regeln (BAG v. 18. 4. 1989 – 1 ABR 100/87).

Am Beispiel der Arbeitszeitgestaltung lässt sich dies verdeutlichen: Selbstverständlich haben Manteltarifverträge Regelungen zur wöchentlichen Arbeitszeit. Damit ist jedoch keine Aussage darüber getroffen, ob im Einzelfall in Schichten gearbeitet oder eine Gleitzeitregelung eingeführt werden soll. Der bloße Umstand, dass irgendwelche Regelungen zu dem Thema existieren, schließt also das Mitbestimmungsrecht nicht aus. Dasselbe gilt im Übrigen auch für das Arbeitszeitgesetz. Hier sind lediglich Höchstgrenzen festgesetzt, die auch nach Durchführung eines Mitbestimmungsverfahrens nicht zu überschreiten sind.

Alles andere, etwa die Verteilung der Arbeitszeit auf die Wochentage, ist eine Frage der betrieblichen Gestaltung, die selbstverständlich der Mitbestimmung unterliegt.

Die Mitbestimmung wird zusätzlich durch § 77 Abs. 3 BetrVG begrenzt. Beide Bestimmungen hören sich ähnlich an, regeln aber unterschiedliche Dinge: § 77 Abs. 3 BetrVG beschäftigt sich mit dem Abschluss von Betriebsvereinbarungen und schließt aus, dass eine Betriebsvereinbarung über Sachverhalte geschlossen wird, die tariflich geregelt sind oder auch nur üblicherweise tariflich geregelt werden. Das ist unabhängig davon, ob der Sachverhalt der Mitbestimmung unterliegt. Mitbestimmung kann auch in anderen Ergebnissen als einer Betriebsvereinbarung münden. § 87 Abs. 1 BetrVG schließt die Mitbestimmung daher nur dann aus, wenn der Sachverhalt abschießend und zwingend im Tarifvertrag bzw. Gesetz geregelt ist. Hierfür muss die Arbeitgeberin selbst an den Tarifvertrag als Vertragspartei oder wegen der Mitgliedschaft in einem Wirtschaftsverband gebunden sein. Für die »Tarifüblichkeit« dagegen, die gem. § 77 Abs. 3 BetrVG eine Betriebsvereinbarung ausschließt, reicht es aus, wenn nur in der Branche ein solcher Tarifvertrag existiert.

Merke:

Immer, wenn auf betrieblicher Ebene ein Entscheidungsspielraum für die Gestaltung der Maßnahme verbleibt, muss die Arbeitgeberin den Betriebsrat in den Angelegenheiten beteiligen, die nach BetrVG der Mitbestimmung unterliegen. Tarifvertrag und Gesetz setzen diesem Spielraum praktisch immer nur Grenzen, schließen aber die Mitbestimmung nicht – oder nur in den seltensten Fällen – aus.

Ist der Betriebsrat in der Defensivposition, will also die Arbeitgeberin eine mitbestimmungspflichtige Maßnahme durchführen und benötigt dafür dessen Zustimmung, hat er praktisch keinen Grund, von sich ein Einigungsstellenverfahren zu betreiben. Die Arbeitgeberin ist es, die den Betriebsrat auf ihre Seite ziehen muss. Will der die Maßnahme nicht, wäre es nicht klug, die Verhandlungen selbst zu beschleunigen, indem die Einigungsstelle schnell eingesetzt wird. Die wird immer zu einem Ergebnis kommen und die Erwartung, das könnte darin bestehen, die Arbeitgeberin an der Umsetzung einer Maßnahme zu hindern, ist in der Regel verfehlt.

Anders ist die Konstellation nur dann, wenn der Betriebsrat bereits seine Zustimmung zu einem Vorhaben der Arbeitgeberin erteilt hat. Wenn ihm das nicht mehr gefällt, bekommt er die Zustimmung nur durch eine Kündigung der Vereinbarung und – wenn es sich um eine Maßnahme handelt, die der erzwingbaren Mitbestimmung unterliegt – eine ablösende neue Vereinbarung wieder weg. Bis er die hat, wirkt die alte Vereinbarung nach. In diesem Fall wird die Arbeitgeberin, die Neuregelung in der Einigungsstelle lieber hinausschieben – und entsprechend muss der Betriebsrat dieses Verfahren betreiben.

Anrufung des Arbeitsgerichts

Verhält sich die Arbeitgeberin allerdings nicht so, wie das BetrVG es vorsieht, sondern setzt ihr Vorhaben ohne vorherige Zustimmung einfach um, so ist es nicht die Einigungsstelle, die der Betriebsrat zu seiner Unterstützung aktiviert, sondern das Arbeitsgericht. Das muss dann über einen Antrag entscheiden, der Arbeitgeberin ihr Vorgehen zu verbieten bzw. bereits geschaffene Fakten rückgängig zu machen. Hat sie z.B. eine neue Telefonanlage installiert, ohne vorher die Zustimmung des Betriebsrats einzuholen, muss der beim Arbeitsgericht beantragen, der Arbeitgeberin zu verbieten, diese auch einzuschalten bzw. sie dazu verurteilen, die Anlage wieder abzuschalten.

Daneben benötigt der Betriebsrat die Einigungsstelle, wenn er selbst ein Anliegen, wie etwa die Einführung von Gleitzeit, verfolgt und sich mit der Arbeitgeberin hierüber nicht einig wird. In der Regel ist es allerdings die Arbeitgeberin, die die Zustimmung des Betriebsrats und damit letztlich die Einigungsstelle braucht, weil sie in ihrem Betrieb gestaltend tätig werden will.

VI. Der kollektive Bezug

Kollektiver Bezug ist erforderlich

Eine weitere Voraussetzung für das Bestehen des Mitbestimmungsrechts ist nach der Rechtsprechung ein sogenannter kollektiver Bezug (BAG v. 16. 7. 1991 – 1 ABR 69/90).

Grob gesagt ist damit gemeint, dass der Betriebsrat nur dann umfassend mitbestimmen kann, wenn es nicht um die Regelung von Einzelfällen geht, für die der Arbeitgeberin vertragliche Instrumentarien zur Verfügung stehen. Lediglich bei der Festlegung der Lage des Urlaubs einzelner Beschäftigter ist diese Voraussetzung durch Gesetz außer Kraft gesetzt.

Beispiel: Überstunden

Die Angelegenheit wird aber nicht deshalb zum Einzelfall, weil nur einzelne Beschäftigte betroffen sind. Ebenso wenig soll mit dieser Einschränkung bewirkt werden, dass die Arbeitgeberin durch vertragliche Vereinbarungen mit einzelnen Beschäftigten bei kollektiv zu regelnden Sachverhalten das Mitbestimmungsrecht umgeht. Prominentes Beispiel hierfür ist die Anordnung von Überstunden, die praktisch immer der Mitbestimmung des Betriebsrats unterliegt.

Häufig berufen sich Arbeitgeberinnen darauf, die Anordnung der Überstunden sei mitbestimmungsfrei, weil die einzelnen Beschäftigten deren Ableistung zugestimmt hätten. Damit ist jedoch der kollektive Bezug nicht ausgeschlossen. Bei der Anordnung von Überstunden geht es nicht nur darum, wie viele Beschäftigte diese Überstunden machen sollen, sondern auch um die Entscheidung, ob andere nicht vorrangig hierfür herangezogen werden können. Auch die Frage, ob überhaupt Mehrarbeit geleistet werden soll, hat eine betriebliche Dimension, weil damit unmittelbar Auswirkungen auf die Zahl der Arbeitsplätze verknüpft sind. Von daher ist der kollektive Bezug bei Überstunden praktisch immer gegeben, unabhängig von Vereinbarungen, die die Arbeitgeberin mit Einzelnen hierüber getroffen hat (BAG v. 27. 11. 1990 – 1 ABR 77/89).

Das Vorliegen eines kollektiven Bezugs lässt sich mit einer einfachen Kontrollüberlegung feststellen: Was wäre, wenn die von der Arbeitgeberin für die Maßnahme auserwählte Arbeitnehmerin aus irgendeinem Grund nicht zu Verfügung stehen würde? Gäbe es zumindest eine personelle Alternative für sie? Wenn ja, ist der kollektive Bezug zwangsläufig gegeben, weil eine Auswahl zwischen diesen Alternativen stattfinden muss.

Bei generell angelegten Regelungen wie etwa solchen über Vergütungsgruppen oder die Prämierung von Verbesserungsvorschlägen kann nicht ernsthaft Streit darüber geführt werden, ob der kollektive Bezug existiert. Schließlich geht es um ein allgemein anwendbares Schema, das unabhängig vom Einzelfall funktionieren soll.

VII. Die gerichtliche Durchsetzung

Während Arbeitgeberin und Beschäftigte vor dem Arbeitsgericht ihre Individualansprüche im »Urteilsverfahren« verfolgen, steht dem Betriebsrat für die Durchsetzung seiner Ansprüche das Beschlussverfahren zur Verfügung (§ 2a ArbGG i.V.m. § 80 ArbGG). Dieses Verfahren findet in allen betriebsverfassungsrechtlichen Streitigkeiten Anwendung. Es läuft nach einem geringfügig anderen Drehbuch als das »Urteilsverfahren«. Diese Unterschiede sollen uns aber hier nicht interessieren. Wichtig ist, wie es in Gang gesetzt wird und wie man schneller zu einer Entscheidung kommt.

1. Das »allgemeine« Beschlussverfahren

In den meisten Beschlussverfahren geht es um die Frage, ob die Arbeitgeberin bei der Durchführung einer Maßnahme die Mitbestimmungsrechte verletzt hat oder nicht. Hat sie etwa ohne Genehmigung Überstunden angeordnet, kann der Betriebsrat diesen Verstoß im Verfahren feststellen lassen. Um Wiederholungen vorzubeugen wird die Arbeitgeberin dann verurteilt, bei zukünftigen Verstößen eine Geldbuße zu bezahlen.

Das Beschlussverfahren kommt durch einen Antrag in Gang, den der Betriebsrat – meist über seine Prozessvertretung, also Rechtsanwältin oder Rechtssekretär – an das Gericht stellt. Aber auch die Arbeitgeberin kann ein Beschlussverfahren einleiten, etwa um die Betriebsratswahl anzufechten oder aber umgekehrt feststellen zu lassen, dass ein Mitbestimmungsrecht nicht besteht.

Zwangsvollstreckung ist möglich

Das Gericht entscheidet durch Beschluss. Der Beschluss wird aber erst dann wirksam und kann »vollstreckt« werden, wenn der Verlierer (das können auch beide Prozessbeteiligte sein) keine Beschwerde dagegen einlegt. Dann geht die ganze Sache nämlich vor das zuständige Landesarbeitsgericht (LAG). Das LAG fasst dann seinerseits einen Beschluss, der zudem manchmal mit der sogenannten »Rechtsbeschwerde« vor dem Bundesarbeitsgericht angefochten werden kann. Ein komplettes Beschlussverfahren durch alle Instanzen kann leicht zwischen zwei und drei Jahren dauern!

2. Das Verfahren auf Erlass einer einstweiligen Verfügung

Wegen der langen Verfahrensdauer bei Beschlussverfahren kommt für eine schnelle Klärung der sogenannte vorläufige Rechtsschutz in Betracht. Das ist immer dann nötig, wenn die rechtswidrige Handlung der Arbeitgeberin erst noch bevorsteht oder gerade erst vollzogen wurde. In diesem Fall beantragt der Betriebsrat den Erlass einer einstweiligen Verfügung.

Hier klärt das Gericht nur oberflächlich, wer im Recht ist. Wichtiger ist die Frage danach, wer den größeren Nachteil hat, wenn die Entscheidung im beschleunigten Verfahren »falsch« ist. Falsch ist sie, wenn die Rechtslage tatsächlich anders ist als die einstweilige Verfügung unterstellt. Hier wird danach entschieden, wer dann den größeren Nachteil hat, wenn zu Unrecht gegen ihn entschieden wird: die Arbeitgeberin oder der Betriebsrat. Zumindest sollte dies die Überlegung sein.

Wenn z.B. die Arbeitgeberin für den kommenden Samstag eine zusätzliche Schicht einrichten will und der Betriebsrat dem nicht zugestimmt hat, würde ein Abwarten auf die Entscheidung des Gerichts im normalen Verfahren das Mitbestimmungsrecht für diesen Fall endgültig vereiteln. Die Schicht wäre lange vorher schon gearbeitet worden. Das Gericht muss jetzt entscheiden, was schlimmer wäre: die Schicht zu untersagen, obwohl sie tatsächlich durchgeführt werden durfte oder sie nicht zu untersagen, obwohl sie tatsächlich rechtswidrig wäre.

Das Verfahren auf Erlass einer einstweiligen Verfügung stellt meist – aber nicht immer! – ein rasches und effektives Mittel zur Durchsetzung der Betriebsratsansprüche dar. Mit einer positiven Entscheidung kann vorläufig die von der Arbeitgeberin betriebsverfassungswidrig durchgeführte Maßnahme unterbunden werden.

VIII. Wieder in der Sitzung

Kommen wir zurück in unsere Sitzung, die sich mit dem Plan der Arbeitgeberin befassen muss, an der neuen Stanze – mal wieder – Überstunden anzuordnen. Das Mitbestimmungsrecht ergibt sich aus § 87 Abs. 1 Nr. 2 oder Nr. 3 BetrVG. Weil die Mitbestimmung nach dieser Vorschrift erzwingbar ist, darf die Arbeitgeberin Überstunden nur mit der Zustimmung des Betriebsrats anordnen. Damit existiert ein erhebliches Druckmittel, um Einfluss auf die offenkundige Unterbesetzung an dieser Maschine zu nehmen. Der Arbeitgeberin sollte deutlich gesagt werden, dass sie die Überstunden dann nicht mehr bekommt, wenn sie nicht unverzüglich eine zumindest befristete Stelle zur Überbrückung der Schwierigkeiten mit der neuen Maschine ausschreibt.

Der Betriebsrat ist also in der Defensivposition: Die Arbeitgeberin benötigt sein Einverständnis und muss ein gerichtliches Unterlassungsverfahren befürchten, wenn sie ohne seine Zustimmung die Überstunden arbeiten lässt. Da eine Einigungsstelle auch nicht von heute auf morgen eingerichtet werden kann, steht die Arbeitgeberin vor einem erheblichen Problem, wenn sie sich nicht mit dem Betriebsrat einigt.

Nächstes und komplexeres Thema auf der Sitzung ist die Einführung der mobilen Arbeit. Wie weiter oben beschrieben, können hier mehrere erzwingbare Mitbestimmungsrechte betroffen sein. Es geht neben der näheren Ausgestaltung um Fragen der Arbeitszeit, der Lohngestaltung und vermutlich auch des Arbeits- und Datenschutzes.

Zwar ist im Grunde auch hier der Betriebsrat in einer Defensivposition. Diesmal sind die Anforderungen an ihn jedoch weitaus anspruchsvoller als im Falle der Mehrarbeit, weil nicht das Interesse im Vordergrund stehen wird, die mobile Arbeit grundsätzlich zu verhindern. Damit zu drohen, wäre auch wenig Erfolg versprechend, weil die Arbeitgeberin weiß, dass der Betriebsrat sich damit innerhalb der Belegschaft nicht unbedingt Freunde machen wird. Hier geht es also eher darum, von vornherein mit vernünftigen Gestaltungsvorschlägen aufzuwarten und die Bezüge zu Mitbestimmungsrechten herzustellen, um als gleichwertiger Verhandlungspartner akzeptiert zu werden. Auch in diesem Fall kann allerdings das Einigungsstellenverfahren als letzte Entscheidungsinstanz ins Spiel kommen.

Bleibt noch das nicht richtig schließende Tor als Tagesordnungspunkt in der Sitzung. Von dem geht eine Gefahr für die Gesundheit der in der Halle Beschäftigten aus. Gesundheit ist bereits das Stichwort, das auch hier zum einschlägigen Mitbestimmungsrecht führt:

Gesundheitsschutz

Es findet sich in § 87 Abs. 1 Nr. 7 BetrVG, sofern Regelungen über die Verhütung von Arbeitsunfällen, Berufskrankheiten oder über den Gesundheitsschutz aufgestellt werden sollen.

Daraus zu schließen, der Betriebsrat könne nunmehr wiederum in die Einigungsstelle gehen und diese einen Beschluss darüber fassen lassen, dass neue Dichtungen, Türangeln usw. eingebaut werden müssen, ist jedoch verfehlt. Das ist nach der Rechtsprechung nicht möglich und wohl auch nicht sinnvoll. Das Mitbestimmungsrecht besteht nur, wenn die gesetzlichen oder sonstigen Vorschriften einen betrieblichen Regelungsspielraum eröffnen, den die Arbeitgeberin ausfüllen kann. Die bereits erwähnte Gefährdungsanalyse wäre ein Beispiel hierfür. Wenn dabei Gefahren festgestellt werden, gibt es auch ein erzwingbares Mitbestimmungsrecht für die Festlegung der nötigen Maßnahmen. Bis das aber so weit ist, vergehen Monate.

Um das Verfahren zu starten, müsste der Betriebsrat zunächst wissen, welche Maßnahme er initiieren will – vermutlich irgendwie die Belästigung durch Zugluft abzustellen –, um dann zu suchen, ob es eine entsprechende gesetzliche Rahmenvorschrift gibt. Die findet sich tatsächlich in § 3a Abs. 1 der Arbeitsstättenverordnung:

»Der Arbeitgeber hat dafür zu sorgen, dass Arbeitsstätten so eingerichtet und betrieben werden, dass von ihnen keine Gefährdungen für die Sicherheit und die Gesundheit der Beschäftigten ausgehen.«

Der Logik des Gesetzes folgend müsste also jetzt – zur »Ausfüllung« dieser Rahmenvorschrift – eine Vereinbarung geschlossen werden, wie die Zugluft verhindert wird. Diese Vereinbarung wiederum könnte der Betriebsrat auch durchsetzen. Alles sehr theoretisch und praktisch schon deshalb nicht durchführbar, weil eine Arbeitgeberin, die die Maßnahme nicht will, sich hierzu natürlich auch nicht in einer Vereinbarung verpflichtet.

Eher erfolgversprechend dürfte der in § 89 BetrVG aufgezeigte Weg sein: Die Einbeziehung der Berufsgenossenschaft oder der Arbeitsschutzbehörde, die der Betriebsrat durch »Anregungen« unterstützen kann. Diese können nämlich eine behördliche Anordnung nach § 22 Abs. 3 ArbSchG treffen, die die Arbeitgeberin sofort zwingt, die Gefährdung abzustellen.

Mitbestimmungsrecht hier kein geeigneter Weg

Damit ist die Mitbestimmung des Betriebsrats kein geeigneter Weg, um die bestehenden Gefährdungen schnell zu beseitigen. Hier muss vielmehr im Rahmen der Möglichkeiten des § 89 BetrVG in Zusammenarbeit mit der Berufsgenossenschaft oder den für den Arbeitsschutz zuständigen Behörden darauf hingewirkt werden, dass die Arbeitgeberin den Missstand beseitigt. Macht sie das dann nicht, kann dies sogar zur Verhängung von Bußgeldern führen.

IX. Das Leben ist bunt und vielfältig – auch im Betriebsrat

Wir hatten uns vorgenommen, das Chaos der Begriffe und der Themen überschaubar zu machen. Immerhin wissen wir jetzt: Es gibt ein System im Betriebsverfassungsgesetz, nach dem die Mitbestimmungsmöglichkeiten sortiert sind, jedoch kann im Einzelfall der Weg mal unverzüglich in die Einigungsstelle, mal zum Arbeitsgericht und mal auch nur in das Verhandlungszimmer führen. Die Verhältnisse sind auch keineswegs immer so klar, wie bei den hier behandelten Maßnahmen.

Dennoch muss der Betriebsrat die Handlungskompetenz im Umgang mit diesen Vorschriften erwerben. Dazu gehört häufig vor allem ein forsches Auftreten. Die Arbeitgeberin ist meistens zumindest genauso unsicher in der rechtlichen Wertung einer Mitbestimmungsangelegenheit wie der Betriebsrat. Genauso wie es ihr gutes Recht ist, zunächst immer von dem für sie günstigsten Fall auszugehen und zu behaupten, ein Mitbestimmungsrecht bestehe nicht, so sollte umgekehrt der Betriebsrat ebenfalls immer erst einmal voraussetzen, dass das Mitbestimmungsrecht gegeben ist und die Bezüge zu entsprechenden Vorschriften im BetrVG suchen.

Kompromisse

Dies ist umso dringender, als längst nicht alle betrieblichen Auseinandersetzungen vor der Einigungsstelle oder dem Arbeitsgericht ausgetragen werden. Häufig liegen die Kompromisse, die zuletzt gefunden werden, an ganz anderen Stellen, als ursprünglich von den Betriebsparteien erwartet. Daher sind Einigungsstelle und Arbeitsgericht meist auch nur ein Mittel, mit dem gedroht wird. Die Fälle, in denen eine der beiden Institutionen in Anspruch genommen wird, sind eher selten.

Sie sind damit vor allem ein Mosaiksteinchen in der politischen Auseinandersetzung zwischen Arbeitgeberin und Betriebsrat. Selbst Niederlagen vor dem Arbeitsgericht wirken sich manchmal noch so aus, dass sie den Handlungsspielraum der Betriebsräte gegenüber der Arbeitgeberin erweitern. Ein in der betrieblichen oder darüber hinausgehenden Öffentlichkeit als ungerecht empfundener Richterspruch zugunsten der Arbeitgeberin nützt ihr manchmal weniger als dem Betriebsrat.

Maßnahmen des Arbeitskampfes sind unzulässig

Ebenfalls zu den politischen Mitteln gehören alle anderen Möglichkeiten der Auseinandersetzung, die sich innerbetrieblich bieten. Eine allerdings scheidet von vornherein aus: Ein Arbeitskampf. Ein durch den Betriebsrat geführter Streik, um seine Anliegen durchzusetzen, ist unzulässig. Dies legt § 74 Abs. 2 BetrVG ausdrücklich fest.

Ein Streik ist die organisierte Verweigerung der Arbeitsleistung, die mit dem Ziel verknüpft ist, einem Anliegen gegenüber der Arbeitgeberin mehr Nachdruck zu verleihen. Kein Streik ist es, wenn die Beschäftigten in großer Zahl eine speziell für eine bestimmte Angelegenheit eingerichtete Sprechstunde des Betriebsrats aufsuchen. Auch hier ist der Effekt, dass der Arbeitsprozess stoppt. Es handelt sich aber nicht um einen verbotenen Arbeitskampf. Auch Betriebsversammlungen, von denen der Betriebsrat (mindestens) vier im Jahr durchführen muss, können einen ähnlichen Effekt haben wie eine politische Demonstration oder ein Streik. Gut vorbereitet sind sie gezielt einsetzbar, um den eigenen Verhandlungsspielraum zu erweitern. Dies ist weder ungesetzlich noch unehrenhaft. Es gibt keine Regel, die es verbietet, Betriebsversammlungen dazu zu nutzen, Anliegen der Belegschaft durchzusetzen.

Allerdings sollte der Betriebsrat bei der Entwicklung seines politischen Instrumentariums nicht nur auf die betrieblichen Möglichkeiten schauen. Auch mit Aktionen, die sich an die breite Öffentlichkeit richten, kann die Belegschaft auf sich aufmerksam machen. Das muss nicht so spektakulär sein wie die Werksbesetzung der Kalikumpel in Bischofferode, die Besetzung von Rheinbrücken im Rahmen der Auseinandersetzung um das Stahlwerk in Rheinhausen im letzten Jahrhundert oder das Festkleben auf der Straße. Auch auf der Klaviatur der Medien die richtigen Töne zu treffen, kann viel bringen, wie gerade die Betriebsräte von Opel immer wieder beweisen und so über Jahre die Schließung ihrer Standorte zumindest hinausgezögert haben. Derartige Aktionen setzen allerdings ein höheres Maß an politischer Organisation voraus. In der Regel ist es unverzichtbar, die Gewerkschaft auf seiner Seite zu haben. Mit dieser kann arbeitsteilig vorgegangen werden. Die Gewerkschaft kümmert sich dabei um die Dinge, die für den Betriebsrat aufgrund seiner Stellung im Betrieb zumindest problematisch sind. Hierzu gehört vor allem der gesamte Bereich der Öffentlichkeitsarbeit. Betriebsräte sind gem. § 79 BetrVG verpflichtet, manche Informationen über Betrieb und Unternehmen für sich zu behalten.

Umfang der Geheimhaltungspflicht

Dies darf aber nicht so verstanden werden, dass alles das, was die Arbeitgeberin unter dem »Siegel der Verschwiegenheit« mitteilt, auch tatsächlich niemals preisgegeben werden darf. Nur für diejenigen Dinge, für die ein objektives, anerkennenswertes Interesse an der Geheimhaltung besteht, also etwa Patente oder persönliche Verhältnisse einzelner Beschäftigter, kann tatsächlich Verschwiegenheit verlangt werden. Und selbst das lässt sich überwinden, wenn der Betriebsrat auf der Betriebsversammlung nur mit den richtigen Fragen die richtigen Antworten provoziert. Denn was auf der Betriebsversammlung ausgesprochen wird, ist nicht mehr geheim, kann also jederzeit offen kommuniziert werden. Teilt die Arbeitgeberin dagegen dem Betriebsrat mit, dass sie beabsichtigt, eine Abteilung zu schließen und verlangt von ihm, darüber Stillschweigen zu bewahren, um die Belegschaft nicht rebellisch zu machen, so ist dies kein Geschäftsgeheimnis. Ob es für den Betriebsrat allerdings sinnvoll ist, sich zum Boten der schlechten Nachrichten der Arbeitgeberin machen zu lassen, sollte jedes Mal genau überlegt werden.

Wie ein Gericht im Nachhinein die Befugnis des Betriebsrats beurteilt, über betriebliche Angelegenheiten zu informieren, ist für ihn kaum vorherzusehen. Einen Bruch der später durch das Gericht festgestellten Schweigepflicht, die der Betriebsrat vorher falsch eingeschätzt hat, kann im äußersten Fall bis zur Amtsenthebung führen.

Zusammenarbeit mit Gewerkschaft bietet sich an

Daher bietet sich in solchen Fällen die Zusammenarbeit mit der Gewerkschaft geradezu an. Wird deren Sekretär als Sachverständiger bei einer Maßnahme der Arbeitgeberin hinzugezogen, darf der Betriebsrat mit ihm alle Aspekte einschließlich der von der Arbeitgeberin als geheimhaltungsbedürftig bezeichneten besprechen. Der Sekretär mit Sachverstand unterliegt zwar gleichfalls der Schweigepflicht – das ergibt sich aus § 79 Abs. 2 und § 80 Abs. 4 BetrVG – in Bezug auf Geschäfts- und Betriebsgeheimnisse. In der Regel ist das, was als geheimhaltungsbedürftig von der Arbeitgeberin bezeichnet wird, jedoch überhaupt kein objektives Geheimnis. Gleichwohl sollte der Betriebsrat das nicht einfach ignorieren, weil die gerichtlichen Folgen – siehe oben – gravierend sein können. Auch die vertretenen Beschäftigten reagieren häufig eher irritiert, wenn der Betriebsrat in den Ruf des Verräters gerät.

Glaubt dagegen der Gewerkschaftssekretär nicht, dass es sich wirklich um ein objektiv schützenswertes Geheimnis gehandelt hat, so mag auch hier ein Arbeitsgericht letztendlich anders entscheiden, wenn auf einem Gewerkschaftsflugblatt die entsprechenden Informationen auftauchen. Im Regelfall zieht dies jedoch keine Sanktionen nach sich, weil die Arbeitgeberin gegenüber der Gewerkschaft allenfalls einen Anspruch auf Unterlassen der Verbreitung bestimmter Informationen hat. Wenn diese aber einmal in die Welt gesetzt sind, läuft dieser Anspruch leer. Im Einzelnen empfiehlt es sich aber für alle, die mit diesem Thema konfrontiert sind, vor allzu eifrigem Agieren einen rechtlichen Rat einzuholen. Zusätzlich gibt es nämlich noch ein Gesetz zum Schutz von Geschäftsgeheimnissen, das ein paar unangenehme Strafvorschriften hat.

Ein gleichermaßen trickreicher Weg, um solche Gefahren auszuschließen, ist der Gang zum Arbeitsgericht. Gerichtsverhandlungen sind grundsätzlich öffentlich. Alles, was dort gesagt bzw. von der Prozessvertretung geschrieben wird, ist kein Geheimnis mehr. Will also der Betriebsrat Dinge in die öffentliche Debatte bringen, die die Arbeitgeberin als geheimhaltungsbedürftig mitgeteilt hat und steht die Drohung im Raum, gegen Betriebsratsmitglieder bei Bekanntwerden dieser Dinge ein Amtsenthebungsverfahren einzuleiten, so bietet sich die Einleitung eines Gerichtsverfahrens, in dem die Informationen eine Rolle spielen, geradezu an. Für eine solche Gerichtsverhandlung kann sowohl die betriebliche als auch die überbetriebliche Öffentlichkeit in Form von Presse, Gewerkschaftssekretären, Kommunalpolitikern usw. mobilisiert werden. Eine auf diese Weise vorbereitete Gerichtsverhandlung wird in den meisten Fällen auch dann einen Etappensieg für den Betriebsrat bringen, wenn das Gericht am Ende gegen ihn entscheidet.

Die Darstellung der mal mehr, mal weniger weit reichenden Rechte des Betriebsrats und der Tricks und Kniffe bei ihrem Einsatz sollte allerdings nicht zu dem Fehlschluss führen, Betriebsratstätigkeit habe vor allem zum Ziel, sich mit der Arbeitgeberin zu entzweien und unter Einsatz aller nur denkbaren Mittel sich gegenseitig das Fell über die Ohren zu ziehen. Tatsächlich funktioniert der Großteil der Betriebsratsarbeit im Wesentlichen zwar nicht ohne Konflikte, aber doch ohne dass ständig die Klingen gekreuzt werden müssten.

X. Die Betriebsvereinbarung

Führen Verhandlungen mit der Arbeitgeberin zu einem Ergebnis, so stellt sich die Frage, in welcher Weise dies in eine angemessene Form gebracht werden kann. Im »wirklichen Leben« schließt man üblicherweise Verträge, wenn Einigkeit über strittige Fragen erzielt wurde. Ein ähnliches Instrumentarium gibt es auch im Betriebsverfassungsgesetz: Die Betriebsvereinbarung.

Wirkung der Betriebsvereinbarung

Im Gegensatz zum normalen Vertrag hat die Betriebsvereinbarung den Vorteil, dass sie unmittelbar auf die Arbeitsverhältnisse der Beschäftigten einwirkt. Einigen sich also Betriebsrat und Arbeitgeberin darüber, dass ab sofort in einer bestimmten Abteilung Gleitzeit eingeführt werden soll, so haben die Beschäftigten ab diesem Zeitpunkt nicht mehr die Verpflichtung, morgens zu einem bestimmten Zeitpunkt auf der Matte zu stehen. Die Arbeitgeberin muss sich an diese Vereinbarung halten und die Beschäftigten können sich darauf berufen. Die Betriebsvereinbarung ist also nicht für den Papierkorb, sondern für alle geltendes Recht im Betrieb.

Das funktioniert allerdings nur, wenn das Mittel der Betriebsvereinbarung auch in aller Förmlichkeit genutzt wird. Wie diese Vereinbarung auszusehen hat, sagt § 77 Abs. 2 BetrVG:

Inhalt des § 77 Abs. 2 BetrVG

»Betriebsvereinbarungen sind von Betriebsrat und Arbeitgeber gemeinsam zu schließen und schriftlich niederzulegen. Sie sind von beiden Seiten zu unterzeichnen; ...«

Die Absprache zwischen Betriebsratsvorsitzender und Betriebsleiter beim abendlichen Umtrunk, dass alle Beschäftigten wegen des guten Betriebsergebnisses im abgelaufenen Jahr zwischen Weihnachten und Silvester frei bekommen, ist auch dann bedeutungslos, wenn hierauf mit Champagner angestoßen wird, solange nicht die Schriftform gewahrt ist. Für den Betriebsrat kommt noch hinzu, dass die Unterschrift ihrer Vorsitzenden nur wirksam ist, wenn er sie durch einen Beschluss dazu ermächtigt hat.

Es existiert aber keine Vorschrift, die die Betriebsparteien verpflichtet, jede Einigung im Rahmen der erzwingbaren Mitbestimmung oder auch zu anderen Fragen schriftlich zu fixieren. Dies ist für den Betriebsrat wichtig, um vorschnelle Reaktionen – hierzu kann auch der Champagnerumtrunk zählen – zu vermeiden: Teilt der Betriebsrat der Arbeitgeberin mündlich mit, dass sie eine zustimmungspflichtige Maßnahme durchführen kann, ist das Mitbestimmungsverfahren abgeschlossen. Verbesserungen kann der Betriebsrat dann wiederum nur noch in einem von ihm zu betreibenden Mitbestimmungs- bzw. Einigungsstellenverfahren erzielen. Hier wird der Druck auf die Arbeitgeberin allerdings erheblich geringer sein, wenn sie bereits rechtmäßig aufgrund der mündlichen Zustimmung des Betriebsrats ihr Anliegen umsetzen kann.

Regelungsabsprachen

Eine solche mündliche Einigung wird auch als Regelungsabsprache oder -abrede bezeichnet. Sie ist formlos, aber eben nicht wirkungslos. Von der Betriebsvereinbarung unterscheidet sie sich vor allem dadurch, dass sie nicht unmittelbar Rechte für die Beschäftigten schafft.

Bei komplexeren Sachverhalten empfiehlt es sich unbedingt, eine Betriebsvereinbarung zu schließen. Arbeitszeitregelungen oder die Bildung von Vergütungsgruppen sind ohne Betriebsvereinbarung nicht denkbar. Nur so ist nachprüfbar, was tatsächlich vereinbart worden ist. Die Betriebsvereinbarung hat bei der erzwingbaren Mitbestimmung zusätzlich den Vorteil, nachzuwirken, wenn sie gekündigt wird. So steht es in § 77 Abs. 6 BetrVG. Dies bedeutet, dass die Regelung nach einer Kündigung der Betriebsvereinbarung nicht einfach verschwindet. Sie bleibt in Kraft, bis sie durch eine neue Regelung ersetzt, in der Sprache des Gesetzes »abgelöst« wird.

Nachwirkung der Betriebsvereinbarung

Das Verlangen des Betriebsrats, die getroffene Einigung auch schriftlich in Form einer Vereinbarung zu fixieren, kann schnell zur Nagelprobe für die Glaubwürdigkeit der Arbeitgeberin werden. Will sie sich durch einen faulen Kompromiss der schwierigen Verhandlungen entledigen und ist eigentlich nicht daran interessiert, diesen auch tatsächlich später umzusetzen, wird sie in aller Regel die Unterzeichnung einer entsprechenden Betriebsvereinbarung verweigern. In diesem Fall weiß der Betriebsrat, dass die Verhandlungen doch noch nicht zu Ende sind.

Auch die Entscheidung der Einigungsstelle hat die Wirkung einer Betriebsvereinbarung, wenn sie in einer entsprechenden mitbestimmungspflichtigen Angelegenheit ergangen ist. Diese ist genauso verbindlich wie ein Kompromiss, den die Betriebsparteien selbst unterzeichnet haben.

XI. Bis zur nächsten Betriebsratssitzung

Alles nicht so schlimm, sollte man meinen. Das große Wortgedröhne und die Unübersichtlichkeit der Themen, die uns auf dieser ersten Betriebsratssitzung beschäftigt haben, stellten sich als beherrschbar heraus. An den Umgang mit den von den erfahreneren Kollegen wie Nebelkerzen in den Raum geworfenen Begriffen werden wir uns noch gewöhnen. Zumindest haben wir jetzt eine ungefähre Ahnung, welche für uns wichtigen Unterschiede sich zwischen erzwingbarer Mitbestimmung, Anhörung und Zustimmungsverweigerungsrechten verbergen. Wir wissen, dass die unterschiedliche Reichweite der Mitbestimmungsrechte es möglich macht, die Dinge im Zusammenhang zu diskutieren und mit solchen Verknüpfungen die eigene Verhandlungsposition zu stärken.

Selbst dann werden wir bei der Betriebsratsarbeit nicht nur von Erfolg zu Erfolg eilen, sondern immer mal wieder einen auf die Nase bekommen, weil andere stärker oder wir uns nicht einig waren. Manchmal haben wir auch schlicht Unrecht. Dies sollte den Betriebsrat aber nicht davon abhalten, es immer wieder von vorne zu versuchen. Schließlich ist der Betriebsrat kein Gremium, das mit hellseherischen Fähigkeiten die Entscheidungen der Arbeitsgerichte vorhersehen kann. Auch ist er nicht die Macht im Staate, sondern allenfalls ein kleines Stück Gegenmacht, das es aufrechtzuerhalten gilt.

Anhang

Anhang Nr. 1

Begriffe

Unterrichtungs-/Informationsrecht

Der Betriebsrat hat einen Anspruch auf umfassende und rechtzeitige Informationen über alle Dinge, die seine Aufgabenstellung berühren.

Anhörungsrecht

Dem Betriebsrat müssen alle Motive mitgeteilt werden, die den Arbeitgeber zu einer Maßnahme (Kündigung) bewegen.

Mitbestimmung

Der Arbeitgeber ist auf die Zustimmung des Betriebsrats zu einer von ihm geplanten Maßnahme angewiesen.

Beratungsrecht

Der Betriebsrat hat Anspruch auf Einbeziehung in Überlegungen, bevor diese abgeschlossen sind.

Anhang Nr. 2

Die Mitbestimmungskurve

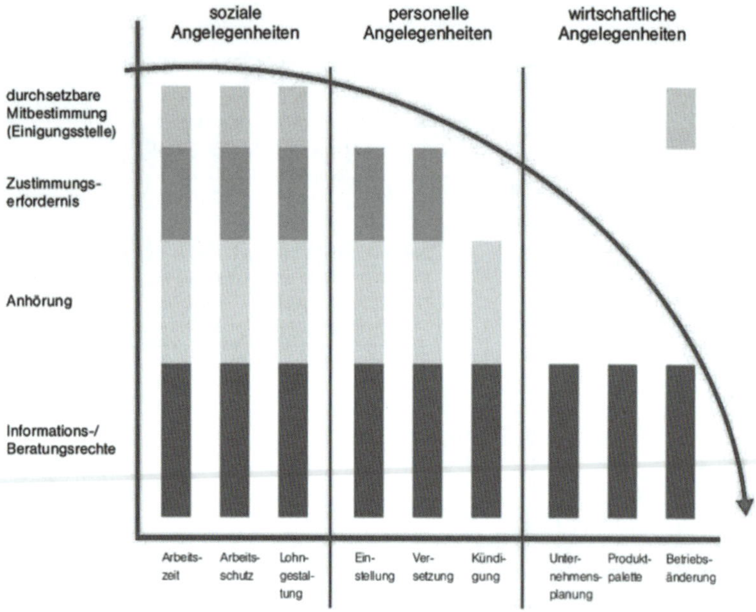

Anhang Nr. 3

Vom Lesen der Gesetze

Wer das BetrVG liest, stößt in den einzelnen Vorschriften häufig auf Verweisungen. So heißt es etwa in § 79 BetrVG:

»Absatz 1 gilt sinngemäß für die Mitglieder und Ersatzmitglieder des Gesamtbetriebsrats, des Konzernbetriebsrats, der Jugend- und Auszubildendenvertretung, der Gesamtjugend- und Auszubildendenvertretung, des Wirtschaftsausschusses, der Bordvertretung, des Seebetriebsrats, der gem. § 3 Abs. 1 Nrn. 1 u. 2 gebildeten Vertretungen der Arbeitnehmer der Einigungsstelle ...«

Diese Technik des Verweisens auf andere Vorschriften kann nur nachvollziehen, wer die Bezeichnungen der einzelnen Abschnitte im Gesetz kennt. Hier sind sie:

Im Inhaltsverzeichnis des BetrVG wird zunächst die Gliederung in »Teile« sichtbar. Innerhalb dieser Teile wird zwischen Abschnitten unterschieden. In einem Fall, dem sechsten Abschnitt des vierten Teils kommen noch Unterabschnitte hinzu. Innerhalb dieser Abschnitte werden die einzelnen Vorschriften als Paragrafen (§) bezeichnet und nummeriert.

Innerhalb der Paragrafen wird unterteilt in Absätze, Sätze und Nummern. Absätze erkennt man daran, dass vor dem entsprechenden Text eine Zahl in Klammern steht. Der Satz ist der grammatikalische Satz, der mit einem Punkt endet. Wird auf einen speziellen Satz verwiesen, so muss man sich die Mühe machen, innerhalb der Absätze die grammatikalischen Sätze zu zählen.

Die letzte Unterteilung ist diejenige nach Nummern oder Ziffern. Nummern innerhalb einer Vorschrift erkennt man daran, dass vor dem entsprechenden Textteil eine Zahl mit einem Punkt dahintersteht.

Anhang Nr. 4

Internetadressen

Wirtschafts- und sozialwissenschaftliches Institut des DGB	www.wsi.de
Hans-Böckler-Stiftung	www.böckler.de
Internationale Arbeitsorganisation (ILO)	www.ilo.org
Deutscher Gewerkschaftsbund	www.dgb.de
IG Bauen-Agrar-Umwelt	www.igbau.de
IG Bergbau Chemie Energie	www.igbce.de
Eisenbahn- und Verkehrsgewerkschaft	www.evg-online.org
Gewerkschaft Erziehung und Wissenschaft	www.gew.de
Vereinte Dienstleistungsgewerkschaft	www.verdi.de
IG Metall	www.igmetall.de
Gewerkschaft Nahrung Genuss Gaststätten	www.gewerkschaft-ngg.de
Gewerkschaft der Polizei	www.gdp.de
WebSite für Arbeitnehmer und Betriebsräte	www.soliserv.de
Bund-Verlag	www.bund-verlag.de
Homepage des Verfassers	www.chronosagentur.de
Bundesanstalt für Arbeitsschutz und Arbeitsmedizin	www.baua.de

Literaturempfehlungen

Böttcher/Nielebock, Rechte des Betriebsrats bei personellen Einzelmaßnahmen, 8. Aufl., Frankfurt/Main 2023 (IG Metall Handlungshilfe Nr. 12)

Däubler/Klebe/Wedde, Betriebsverfassungsgesetz, Kommentar für die Praxis, 19. Aufl., Frankfurt/Main 2024

Fricke/Grimberg/Wolter, Betriebsverfassungsgesetz, Kurzkommentar für Betriebsräte, 6. Aufl., Frankfurt/Main 2022

Hamm/Rupp, Beschäftigungssicherung, Interessenausgleich und Sozialplan, 3. Aufl., Frankfurt/Main 2022 (IG Metall Handlungshilfe Nr. 11)

Helms/Rehbock, Tipps für neu- und wiedergewählte Betriebsratsmitglieder, 7. Aufl., Frankfurt/Main 2022

Hinrichs, Rechte des Betriebsrats bei Kündigungen, 11. Aufl., Frankfurt/Main 2024 (IG Metall, Kündigungsschutz, Handlungshilfe Nr. 27)

Klebe/Ratayczak/Heilmann/Spoo, Basiskommentar zum BetrVG, 23. Aufl., Frankfurt/Main 2024

Schoof, Betriebsratspraxis von A–Z, 16. Aufl., Frankfurt/Main 2024

Thannheiser, AT-Beschäftigte, 2. Aufl., Frankfurt/Main 2021 (IG Metall Handlungshilfe Nr. 29)

Stichwortverzeichnis